시크:하다

bonheur

café

macaron

philosophie

시크:하다

조승연 지음

art

와이즈베리
WISEBERRY

요즘 '행복'이 화두다. 그만큼 우리 스스로 행복하지 못하다는 증거일 것이다. 파리에서 살 때 한 프랑스 친구가 내게 이렇게 물었다.

"왜 한국인은 휴가를 와서도 즐거워하지 않고 모두 화를 내지?"

그 말을 들을 때만 해도 별 생각이 없었다. 31살에 파리 생활을 접고 귀국한 뒤 군 복무를 마치고 방송과 강연을 업으로 삼으면서 수많은 사람을 만났다. 그런데 활짝 웃으면서 "나는 행복해"라고 말하는 사람은 거의 보지 못했다. 그때 문득 그 프랑스 친구의 말이 떠올랐다.

사실 외국에서 한국에 온 친구들은 한국인이 왜 그렇게 스스로를 불행하다고 생각하는지 의아해한다. 사실 돌아보면 한국만큼 살기 편리한 곳도 세계에 드물다. 낙서 하나 없고 시간 잘 지키는 쾌적한 지하철, 언제 어디서나 이용 가능한 와이파이와 LTE가 있고, 배가 출출

할 때 주문만 하면 24시간 내내 치킨을 집까지 배달해주는 나라에 살면서 왜 그렇게 화가 나 있는지 모르겠다. 실제로 뉴욕의 지하철역에는 에어컨도 없고, 여기저기에 녹물이 죽죽 떨어진다. 파리에서는 계획대로 돌아다닐 수가 없다. 걸핏하면 철도, 항공사가 파업을 한다. 어디 그뿐인가. 대부분의 시민은 임금의 절반을 월세로 지출하며 자기 집을 살 생각은 아예 못 한다. 비싼 집이어도 세탁기나 텔레비전 등을 놓을 공간도 없는 곳이 많다. 대기업 임원도 자전거나 스쿠터를 타고 출퇴근한다.

그런데도 한국인이 더 불행해한다? 여러 가지 이유가 있겠지만, 결국은 다 돈 이야기다. 집값이 내려서, 일자리가 많아져서 더 많은 사람이 물질적으로 윤택한 생활을 하면 행복해질 것이라고 한다. 물론 기회가 공정한 사회, 많은 사람이 꿈을 이룰 수 있는 사회를 만드는 것은 중요하다. 하지만 그런 사회가 개인에게 행복을 안겨준다는 보장은 없다. 꿈이란 것이 없어도, 월셋집에 살아도, 결혼하지 않고 아이도 없고 가족도 없는 사람도, 혼자 살면서 나이 들어도 행복하다는 사람이 있는가 하면 널찍한 고급 아파트에 온갖 편의시설을 갖추고 살아도, 자식들이 모두 좋은 대학을 나와 좋은 직장에 다녀도 불행하다고 생각하는 사람이 있다. 행복은 경제력과 상관 없는 하나의 노하우이기 때문이다.

내가 미국에서 경영학부를 졸업하고 프랑스에 미술사를 공부하러 간다고 했을 때 많은 가족 친지가 "프랑스에 뭘 배울 게 있다고 가지?"라는 반응을 보였다. 오늘날 파리는 '빛의 도시'로 불리던 19세기 근대 문명을 대표하는 도시가 아니다. 마리 퀴리가 새로운 과학 이론을 발표하고, 모네가 미술의 개념을 바꾼 파리는 사라진 지 오래다. 지금 첨단 기술을 배우거나 새로운 비즈니스 아이디어를 얻기 위해 파리에 가는 사람은 드물다. 하지만 나는 미국에서 배운 것과 전혀 다른 것을 파리에서 배우게 되었다. 학교에서 배운 것이 아니다. 친구들과 그 부모님들이 한마디씩 무심코 던지는 말을 통해서 '세상을 저렇게 볼 수도 있구나'라는 생각을 하게 되었다.

내 인생을 다른 방식으로 바라보는 방법, 이것이 바로 '지혜'가 아닐까? 나는 미국에서 지식을 채웠다면 프랑스에서는 지혜라는, 정말 찾기 어려운 무언가를 발견할 수 있었다. 그래서 미국 생활을 접고 프랑스에 간 것이 내 평생에 가장 탁월한 선택이었다고 생각한다.

내 인생에 대해서 스스로 어떻게 이야기하는지는 매우 중요하다. 똑같이 오래된 낡은 집에서 살면서 '초라하다'라고 생각하는 사람과 '고풍스럽다'라고 생각하는 사람의 인생이 같지 않다. 이사를 여러 번 다닌 것을 '집 없는 자의 설움'이라고 말하는 사람과 '유목민같이 자유를 즐기는 라이프스타일'이라고 말하는 사람의 인생은 분명히 다르다. 우리는 인간이기 때문에 주관적이다. 그리고 그 주관은 끊임없이 돈이 없으면 초라하고 권력이 없으면 억울해야 한다고 강요하는 사회에 우리가 들이밀 수 있는 최고의 방패다. 내가 만난 프랑스인의 주관은 매우 선명하고 강했다. 그들은 남이 불편해하건 말건 그 주관을 표현하고 지켜나가는 데 거침없고 용감했다. 나는 한국인에게 지금 가장 필요한 지혜는 프랑스인의 '주관'이라고 생각했다.

나는 프랑스가 한국보다 대단히 훌륭한 나라라고는 생각하지 않는다. 프랑스는 프랑스 나름의 장단점이 있고 한국도 나름의 장단점이 있다. 또 내가 본 프랑스가 프랑스의 전부도 아니다. 나는 파리에서 미술사를 공부했기 때문에 자유분방하고 예술적인 인생을 추구하는 파리의 젊은이들과 생활을 같이했다. 이 책의 내용은 7천만 프랑스인을 통틀어 종합한 것이 아니라 내 삶을 바꾼 15~20명의 프랑스인과 함께 지내면서 내가 느끼고 깨달은 행복에 관한 이야기다.

최소한 내가 만난 프랑스인은 절대로 다른 사람이 자기 인생을 '성공했다'느니 '실패했다'느니 하는 정의를 내리도록 허용하지 않는, '나는 나'라는 극도의 이기주의자였다. 그야말로 시크했다. 이에 비해 한국인은 남의 시선을 의식하고 스스로 남과 비교함으로써 자신이 불행하다고 말한다. 그래서 나는 프랑스 문화의 핵심을 이루는 '이기주의적 주관' 또는 '쌀쌀한 행복'을 말해야겠다고 생각했다. 이것이 이 책을 쓰게 된 동기다.

나는 파리에서 많은 것을 얻었다. 한국에서 학교폭력으로 인간에 대해 느끼던 실망감과 불만도 파리에서 사라졌다. 경제적으로 어려운 시절에도 나름대로 멋에 취해볼 여유도 얻었다. 또 당장 큰 일거리를 준다고 해도 나의 삶을 윤택하게 해주는 일이 아니라면 물질적 대가의 많고 적음에 관계없이 거절할 용기와, 내가 하던 일이 무너져내려도, 내 인생의 행복과 일을 분리할 줄 아는 방법도 배웠다.

프랑스의 인류학자 클로드 레비 스트라우스는, 수많은 원시부족을 찾아가 인류가 공동체를 만들어 살아가는 방법을 연구하면서 자기는 '동떨어진 시선'을 가지게 되었다고 말했다. 우리 스스로의 모습을 객관적으로 바라보게 하는 거울은 어쩌면 우리와 반대 방법으로 살아가는 사람인지도 모른다. 특히 프랑스인, 그중에서도 파리지앵이 보여주는 삶의 방식은 우리에게 무척 생소하지만, 그것이 옳고 그름을 떠나 우리 한국인의 삶에 대해서 분명히 다르게 생각할 실마리를 찾게 해줄 것이라는 확신이 있다.

자, 그러면 2006년 가을, 내가 프랑스 생활을 갓 시작하던 파리의 허름한 동네 벨빌의 아파트로 여러분을 초대한다.

2018년 8월
조승연

차례

편안함에 관한 새로운 관점

COMFORT

파리에 살면 살수록 나는 무언가 할아버지 시대의 자명시계처럼 구닥다리 톱니바퀴가 고장이 날 듯하면서도 용케도 잘 돌아가는 것 같은 포근함을 느끼고 그에 동화되었다. 그 편안함의 정체는 바로 삶이 예측 가능하다는 것이며, 이것이 바로 프랑스식 편안한 삶의 정체다.

새것보다는
편안한 것

_____ 사람은 누구나 편한 것을 좋아하고, 편하기를 바란다. 편하다는 것에는 두 가지 개념이 포함된다. 즉 '편리함convenient'과 '편안함comfortable'이다. 편리하다는 말의 사전적인 정의는 '편하고 이로우며 이용하기 쉬운 것'이다. 편리함이란 내가 힘을 적게 들이고도 원하는 것을 빨리 얻어낼 수 있다는 것이다. 이에 비해 편안함이란 '마음이 편하고 걱정이 없는 감정'을 말한다. 특히 모든 것이 익숙하고 예측 가능하기 때문에 별다른 의식이 필요 없는 상태다.

그런데 사람들은 편리함과 편안함을 쉽게 혼동한다. 편리해야만 편안하다고 믿는 것이다. 만일 누군가 '인생은 편하게 살아야지' 생각한다면, 여기서 말하는 '편함'은 대부분 현대 과학기술과 편의시설에 둘러싸여 사는 편리함을 뜻한다. 이것이 20~21세기 과학기술 사회의 믿음이다. 그리고 그 과학기술의 최첨단에 서 있는 한국에서 특히 이런 사고방식이 지배적이다.

한국인뿐만 아니라 세계 대부분의 현대인은 조금만 불편한 것이 있으면 견디지 못하고 그것을 어떻게 해서든 고치거나 새로운 것으로 대체해 '편리'하게 만들어야 직성이 풀린다. 물론 이런 태도에 좋은 점도 있다. 한국이 최근 세계 IT산업을 주도할 수 있었던 것도 편리함을 추구하는 성향에 힘입은 바가 크다는 사실을 누구도 부인 못한다. 세계에서 스마트폰 교체주기가 가장 빠른 나라 중 하나이므로 자연스럽게 스마트폰을 비롯한 IT산업이 발달할 수밖에 없다. 편리함을 추구하는 것이 문명 발달의 가장 큰 원동력임은 확실하다.

하지만 편리하다고 해서 반드시 편안한 것은 아니다. 또한 편리함에 익숙해질수록 빠져나오기 어려우므로 점차 수동적인 사람이 되어갈 수밖에 없는 단점도 무시할 수는 없다.

한국인은 서구 유럽의 나라들을 선진국이라고 부른다. 나는 예전부터 이 단어를 썩 좋아하지 않았다. 선진국이란 말은 '먼저 간 나라'라는 의미, 후진국은 '뒤에 가는 나라'라는 의미다. 먼저 가는 나라가 있고 나중에 가는 나라가 있다는 것은 모든 나라가 같은 방향으로 발전한다는 말이 되기 때문이다.

하지만 각 나라는 자기 나름의 역사를 살아갈 뿐이다. 다른 나라와 같은 길을 걷는 것이 아니다. 또 선진국이라고 해서 모든 분야에서 선구적이지는 않다. 어떤 면에서는 오히려 세상의 변화를 거부하기도 한다. 예를 들면 영국에는 아직도 왕과 귀족이 있다.

만약 선진국과 후진국을 구분하는 기준이 기술의 발전이고, 그 기술의 발전이 사람들의 생활을 얼마나 편리하게 해주는가에 있다면 프랑스는 한국과 비교도 안 되는 후진국이다.

편리하다고 해서 편안한 것은 아니라는 사실을 내가 절실하게 깨닫게 된 곳은 프랑스다. 나는 뉴욕에서 학교 다닐 때 에어컨과 히터가 없는 프리워pre-war(2차 세계대전 이전에 지은 건물) 아파트에 살았다. 그 이후 프랑스로 건너갔는데 아직 가난한 유학생이었기 때문에 벨빌Belleville이라고 하는 이민자 동네에 월세를 얻어 살았다. 벨빌의 아파트는 2차 세계대전 이후 프랑스에 노동자로 이주해온 모로코, 알제리, 베트남 사람들의 거주지로 지었다. 전기와 전화선은 옥상에서 늘 어뜨려 창문을 넘어서 들어왔다. 벨빌의 아파트는 대부분 개인 화장실이 없고, 공중에 붕 떠 있는 간이 화장실 같은 것을 나중에 두 개 층에 하나씩 만들어 붙여 여러 세대가 나누어 써야 하는 경우가 많았다.

나는 운 좋게 개인용 화장실뿐 아니라 욕조까지 있는 아파트를 얻게 되었는데, 보일러가 1980년대에 설치된 것이었다. 물을 틀면 자동으로 점화되는 장치가 걸핏하면 망가졌다. 그럴 때마다 밸브를 열고 길다란 조리용 라이터를 켜서 거기에 갖다 대면 '퍽' 소리가 나면서 불이 붙었다. 하지만 3분 정도 더운 물이 나오다가 다시 불이 꺼지곤 했다. 몇 번 집주인에게 항의해 수리를 했지만, 수리공도 원래 그 시대 보일러는 다 그렇다면서 그냥 쓰라고 했다. 나도 그렇게 그 집에서 2년 정도 살고 나니 큰 불편을 느끼지 못했다. 보일러가 걸핏하면 중간에 꺼지는 일이 얼마나 심각한 사건인지는 어머니께서 프랑스에 오신 다음에 알게 되었다. 어머니께서 샤워를 하다가 갑자기 찬물이 나오자 비명을 지르고 뛰어나오며 이렇게 외치신 것이다.

"너는 샤워하다가 온수가 끊기는데 보일러 안 고치고 어떻게 그냥 살았니? 새걸로 바꿔!"

쓰던 물건이 고장나면 '새것 사서 쓰면 되지' 하는 편리한 생각은 한국이나 미국 같은 풍요로운 소비사회에 사는 사람들에게 익숙하고 당연한 일인지도 모른다. 하지만 내 주변의 프랑스인들은 아예 못 쓰게 되지 않는 한 쓰던 물건을 굳이 새것으로 바꾸지 않는다. 이들은 오히려 보일러 교체 공사를 귀찮게 생각했고, 그렇지 않아도 지구에 넘쳐나는 쓰레기에 자기 집 보일러를 보태게 되는 것을 '불편'하게 여겼다. 내가 살던 집에 있던 세탁기, 청소기, 식기세척기 등은 모두 집주인이 1980년대 초반에 집을 살 때 들여왔던 것이다. 비록 자주 고장이 나기는 했지만, 근처에 있는 철물점에서 나사나 용수철 같은 부품만 적절하게 교체해주면 큰 문제 없이 몇 달은 더 쓸 수 있었다.

하지만 서울의 온갖 편의시설에 익숙한 어머니는 파리의 낡은 집을 여러 면에서 불편해하셨다. 6.25전쟁 직후에 태어나 온갖 불편함을 감수하면서 살았을 세대인 어머니가 왜 그 정도의 불편함도 참지 못하시는지 나는 이해하기 힘들었다. 어머니는 고장난 보일러 때문에 난방이 되다 말다 하거나, 벽에 걸린 100년은 족히 되어 보이는 거울이 뿌옇게 바랜 모습을 보고는 이렇게 말씀하셨다.

"우리 집이 가난해서 아들을 이런 데 살게 하는구나."

"와우! 저 거울은 낡아서 멋있어진 것이니 그냥 놔둬"라고 말하던 프랑스 친구들이 익숙해진 나로서는 어머니가 문득 낯설게 느껴지는 순간이었다.

사실 내가 살고 있던 집은 같은 프랑스 어학당을 다니는 내 친구들에게는 선망의 대상이었다. 나는 미국에서 학부를 마치고 미술사를 공부하려고 26살 때 프랑스로 와서 원하는 학교에 입학하기 위해 어학당을 다녔다. 21살 때 쓴 책이 운 좋게 베스트셀러가 된 덕분에 프랑스에서도 소소히 칼럼을 쓰거나 책을 내서 돈벌이를 할 수 있었다. 고등학교를 막 마치고 프랑스어를 배우려고 온 어린 친구들과는 상황이 달랐다. 그 친구들은 대체로 좁고 삐걱거리는 나무 계단을 구비구비 올라가는 45도 경사의 지붕 아래 세모 난 방에서 살았다. 그런 곳은 옛날에 부잣집에서 일하는 가사도우미들을 위해 만든 방이라고 해서 '하녀방Chambre de bonne'이라고 불렀다. 친구들은 그런 단칸방에 살면서도 6~7명씩 불러 와인을 마시고 기타를 치고 썸을 타면서도 '좁다'거나 '불편하다'라며 투덜거린 적이 없었다.

불편함을
즐긴다

        사실 프랑스에도 현대식 아파트가 없는 것은 아니다. 서울의 주거환경을 개선하기 위해 강남이 개발될 무렵, 파리에도 수세식 화장실, 에어컨 같은 편의시설을 갖춘 현대식 아파트가 파리 외곽 지역인 93-94구역에 들어서기 시작했다. 사실 이때 프랑스의 대도시인 파리와 마르세유에 지은 사각형 다세대 주택인 '유니테 다비타시옹Unité d'habitation'은 현대 아파트의 원조인 건축 양식이기도 하다. 그래서 우리나라 사람이 '성냥갑'이라고 부르는 단지형 아파트를 건축 교과서에는 프랑스 신도시 개발의 선구자였던 건축가 르 코르뷔지에Le Corbusier의 이름을 따서 '코르뷔지에형' 아파트라고 부른다.

    이렇게 서울 강남과 파리 외곽이 비슷한 형태의 신도시로 개발되었지만 결과는 반대였다. 아파트로 대표되는 편의시설이 집중된 서울의 강남은 한국을 대표하는 부촌이 된 데 비해, 파리의 93-94구역은 가난한 동네의 표상이 되었다. 파리 시민에게 '편의시설'이라는 것은 어렸을 때부터 살며 익숙한 도심을 떠나고 싶을 정도의 매력이 없는 것이다.

아직도 프랑스 부동산 광고에는 자랑이라도 하듯이 '18세기 건물' 이라거나 '16세기 건물' 같은 역사를 강조하는 경우가 많다. 마치 예술품이나 골동품을 광고하는 것 같다. 하지만 예술품과 달리 오래된 건물은 주거 시설로는 여러모로 불편하다. 그러나 프랑스인은 그런 불편에 대해 끊임없이 불평하지만, 그것을 감수하고 살 정도로 불편함에 익숙하다는 점은 확실하다.

프랑스는 가난한 나라가 아니다. 지금 경제, 과학기술 등 여러 면에서 미국에게 밀린다고는 하나 아직도 프랑스의 1인당 GDP는 우리가 부국이라고 생각하는 일본, 영국보다 높고, 독일과도 큰 차이가 나지 않는다. 하지만 나는 보통 때는 파리의 삶에 만족하다가도 어쩌다가 은행이나 우체국을 이용하는 날에는 이런 생각이 들 때가 많다.

'내가 왜 굳이 이런 '후진국'에 와서 이 고생을 하며 사나.'

파리의 도심 주택에는 그 흔한 택배함도 없다. 내가 살던 집에는 인터콤이 없었는데, 피자 배달하는 사람이 개인 전화를 업무에 쓰면 본인이 요금을 부담한다며 날더러 집 앞에서 기다리라고 해서 30분을 기다려 피자를 받아온 경우도 많았다. 인터넷 설치를 신청하면 한

달이나 뒤에 자기들 편한 날짜를 통보해 주는데, 집에 사람이 없으면 안 된다며 하루 휴가를 내서 기다리라고 하는 일도 흔하다. 프랑스 현관문 열쇠는 중세기 감옥 자물쇠처럼 생겨 무게가 고기 한 근 정도 된다.

프랑스는 부자 나라인데 정작 이 나라 사람들은 왜 이렇게 '불편하게' 사는 것일까?

예측 가능한 삶

———— 내 친구 줄베르는 취직을 한 뒤 생애 첫 자동차를 샀다. 그는 원래 학부와 대학원에서 철학을 전공했다. 파리가 아닌 노르망디 출신으로, 고향의 중고등학교에서 철학 교사가 되고 싶어 했다. 그러나 프랑스도 철학과 나오면 밥 벌어먹고 살기가 어려운 모양이다. 고향에서 좀처럼 철학 교사 자리가 나지 않았다. 그렇다고 기약 없이 빈둥빈둥 놀 수는 없어서 서른이 다 된 나이에 법률 공부를 시작해 변호사가 되었다. 나는 그가 변호사 시험을 준비하던 때 만나 친해졌다. 늦은 나이에 변호사 시험에 붙은 데다 파리 출신도 아니어서 파리 시내에 취업을 못 하고 파리 외곽에 있는 베르사유의 한 변호사 사무실에 일자리를 얻었다. 그는 월세 비용을 아끼려고 파리에 있는 가족의 집에 살면서 매일 승용차로 출퇴근하기로 했다.

한국이나 미국 남성은 자기가 취직을 해서 첫 자동차를 사는 순간에 무척 가슴이 설렌다. 자동차는 남에게 나의 개성과 스타일을 표현할 좋은 기회이며, 사회적 성취와 경제력을 세상에 뽐내는 방식이기도 하다. 하지만 프랑스인인 줄베르는 자기의 첫 차를 사는데도 자동차에 별로 관심이 없어 보였다. 자동차 관련 블로그나 잡지를 보지도 않았다. 그의 오랜 프랑스 친구들은 덤덤하게 말했다.

"그 애는 아마 아버지 차와 같은 모델을 살걸?"

젊은 미국인 남자였다면 첫 차란 부모나 가족에서 벗어나 멀리 갈 수 있는 도구다. 자동차는 개성의 상징이기 때문에, 아마 미국인 남자가 가장 싫어하는 차가 있다면 아버지가 몰던 차와 같은 모델일 것이다. 그런데 줄베르는 친구들의 예측대로 아버지의 차와 같은 모델을 구입했다. 지루하게 생긴 프랑스 자동차 회사의 매뉴얼 승용차였다.

나는 줄베르에게 그 차를 산 이유를 물어보았다. 대답은 아주 단순했다.

"편하잖아."

나는 수동으로 변속해야 하는 기어에, 최신 네비게이션 시스템도, 오디오 시스템도 없는 자동차가 뭐가 그렇게 편하다는 건지 알 수 없었다.

"요즘 자동차는 위험한 장애물이 튀어나오면 스스로 브레이크도 밟고, 고속도로에서 내가 졸면 알아서 차선도 유지해주는 편리한 기능도 많은데, 왜 굳이 아버지가 몰던 구형 모델을 산 거야?"

내가 다시 물어보았다.

"일단 차를 바꾸려면, 다른 자동차를 타봐야겠지. 나중에 그 차에 어떤 고장이 날지도 모르고. 또 아버지에게 자동차를 판 아저씨가 믿을 만한 사람인데, 다른 브랜드 차를 사려면 그 딜러가 믿을 만한 사람인지 아닌지도 모르잖아. 어디 그뿐인가? 어렸을 때부터 익숙한 계기판이랑 버튼 위치도 새로 익혀야 하고…."

"네비게이션이라도 있으면 편하지 않아?"

"파리에 도로 공사 하는 거 본 적 있어?"

"아니."

"네비게이션이 편할까, 20년 동안 내가 다녀서 아는 길이 편할까?"

나는 여기서 말문이 막혔다.

사실 프랑스인의 운전 습관을 보면 놀랄 때가 많다. 프랑스의 운전자들은 꼭 법대로 운전하지 않는다. 물론 이것은 어느 나라나 마찬가지일 것이다. 세계 각 나라의 운전자 사이에는 법에서 말하지 않는 운전 문화가 있다. 즉 도로에서 서로 상대방의 움직임을 예측할 수 있는 코드가 있다. 그래서 언뜻 보면 수많은 자동차가 무질서하고 불규칙하게 움직이는 것 같지만, 그 안에는 나름의 질서와 규칙이 있다.

이런 운전 문화는 당연히 그 나라의 전체 문화와 정서가 크게 반영된다. 한국의 운전 문화는 '다른 사람에 맞추어 내가 반응하는 것'이다. 예를 들어서 내가 서울의 올림픽대로에 진입하려고 하면, 이미 진입 차선을 먼저 달리고 있던 차는 속도를 늦추어 내가 먼저 진입할 수 있도록 양보를 하거나, 아니면 속도를 높여 나를 앞질러 간다. 나 역시 그들의 움직임을 보고 그에 맞추어 눈치껏 언제 진입을 하면 좋을지 적절한 시간을 찾는다. 아마 한국에서 운전하는 모든 사람은 이것을 당연시할 것이다.

하지만 나는 프랑스를 떠나 한국으로 귀국했을 때 이런 문화가 무척 당황스러웠다. 사실 지금도 여전히 '다른 사람에 맞추어 눈치껏 내가 반응하는 것'이 불편해 사고가 날 뻔한 경우도 몇 번 있었다. 이런 '눈치' 운전 문화는 상대가 어떻게 행동할지 확실히 예측하기 어렵다. 내가 진입할 때 상대편이 속도를 올릴지, 내릴지 두 가지 경우의 수가 있기 때문이다.

이에 비해 프랑스의 운전 문화는 남에게 나를 맞추지 않는다. 즉 '남이 어떻게 움직이든지 나는 가던 대로 간다.' 이런 운전 문화의 장점은 다른 운전자의 행위를 확실히 예측할 수 있다는 것이다. 내가 프랑스의 순환도로에 진입하려고 할 때, 이미 순환도로를 달리고 있는 차는 절대로 속도를 늦추어 나에게 양보를 하거나 또는 속도를 올려서 나를 앞지르거나 하지 않고 그저 가던 속도 그대로 갈 것임을 안다. 그러면 나는 속도를 늦추어 그 차 뒤로 들어갈지, 반대로 엑셀을 밟아 그 차 앞으로 들어갈지 계산하기가 쉽다. 이렇게 프랑스인의 운전 습관에서 엿볼 수 있는 '예측 가능한 삶'에 대한 갈망이 파리를 지금과 같은 골동품 도시로 만들었을 것이라고 생각한다.

파리에 살면 살수록 나는 무언가 할아버지 시대의 자명시계처럼 구닥다리 톱니바퀴가 고장이 날 듯하면서도 용케도 잘 돌아가는 것 같은 포근함을 느끼고 그에 동화되었다. 그 편안함의 정체는 바로 삶이 예측 가능하다는 것이며, 이것이 바로 프랑스식 편안한 삶의 정체다.

예측 가능한 편안한 삶의 다른 예를 들면, 프랑스의 많은 가정에서는 일요일에 식구들이 모여 앉아 다음 주의 식단을 짜고 장을 봐온 후에 냉장고에 날짜별로 질서정연하게 식재료를 정리해 놓는다. 이렇게 하면 1주일 동안 '오늘 뭐 먹지?'라는 고민을 안 해도 된다. 또 프랑스의 회사에서는 직원들에게 한 달 업무 계획을 미리 주며, 직원들은 그 계획에 변동이 생기는 것을 끔찍하게 싫어한다. 매일 업무량이 예측 가능하기 때문에 친구들과의 약속을 잡기가 쉽다. 레스토랑을 예약하거나 공연 티켓을 미리 구매할 수 있기 때문이다.

높은 곳에 올라가면 마음이 편안해지는 이유는 멀리 볼 수 있기 때문일 터인데, 프랑스인은 시간의 고지를 선점하고 있는 것 같다. 일주일, 한 달, 1년 또는 5년 안에 정확하게 자기가 어디서 무엇을 하고 있을지 아는 사람이 매우 많다. 21세기 급변하는 문명시대에 삶이 예측 가능하다는 것은 최고의 사치일 수도 있다.

그래서 프랑스인은 '안 하던 것', '안 써본 물건'에 극도로 폐쇄적이다. 이런 경향은 프랑스의 경제와 과학기술 발전을 가로막기도 한다. 프랑스는 아직도 서유럽에서 스마트폰 보급률이 가장 낮은 나라에 속한다. 내 프랑스 친구 중에는 아직도 2000년대 초에 나온 노키아 제품을 쓰는 사람이 있는데, '여태 안 망가졌다'라고 자랑한다. 프랑스인은 "최신 휴대폰인 아이폰은 2년에 한 번씩 바꿔야 하고, 소프트웨어 업데이트 할 때마다 다시 배워야 한다"라며 오래된 폰을 새 스마트폰으로 바꾸는 것을 탐탁치 않게 여기는 경우가 많다. 넷플릭스가 프랑스에 진출하자 프랑스 정부는 칸느 영화제 출품작에 대해 2년 동안 웹티비로 판매하지 못한다는 법을 논의할 정도였다. 어떤 외국인은 이런 프랑스인을 보고 움직이기 싫어서 스스로를 땅에 파묻는 원시인이라고 비아냥거리기도 한다.

내 프랑스 친구 중에는 에어컨 바람을 끔찍하게 싫어하는 사람이 많다. 한국인 아내와 결혼해 이태원에서 프랑스 식당을 운영하는 알랭은 한국 문화 중에 가장 적응하기 힘든 것이 조금만 더우면 방문을 꼭꼭 닫고 에어컨을 최대로 틀어놓는 것이라고 했다. 조금만 더우면 에어컨을 최대로 틀곤 하는 아내 때문에 에어컨 바람이 강하면 숨쉬기조차 힘든 자신은 너무나 화가 난다는 것이다. 어릴 때부터 자연풍에 익숙한 알랭은 더위를 그냥 참는 것이 인공적으로 찬바람에 노출되는 것보다 훨씬 낫다고 주장한다. 알랭 부부는 여름이면 종종 그 문제로 싸우곤 해서 그의 식당에 갔을 때 냉전 중인 경우가 있었다.

한번은 내가 군대 시절 전우들과 렌터카로 프랑스 시골을 여행하다가 재미있는 플래카드가 걸린 마을을 지나간 적이 있다. 플래카드에는 프랑스의 그 유명한 TGV가 마을로 들어오는 것을 결사 반대한다는 강렬한 구호가 적혀 있었다. 그 마을은 파리에서 멀지 않은 곳으로, 한국으로 치면 수도권 지역이었다. 한국의 기준으로 보면 TGV 개통은 부동산 가치 상승의 엄청난 호재일 뿐 아니라 주민의 삶의 질(?)역시 훨씬 좋아질 것으로 기대하고 대환영을 할 일이다. 그러나 이 프랑스 시골 마을 주민들은 그런 것 필요 없으니 그저 자신들이 익숙한방법으로 살게 놔두라며 TGV 개통을 결사 반대했던 것이다.

편리함은
편안함이 아니다

편리함과 편안함에 관한 문화 차이 때문에 환상을 품고 프랑스로 여행을 했다가 크게 실망하는 외국인이 많다. 특히 프랑스는 주요 관광지에도 공중 화장실이 드문 데다가 영어 표기도 잘 안 되어 있어 외국인 관광객에게는 여간 불편하지 않다. 프랑스 관광청에서는 관광객의 편의를 고려해 화장실 문화나 시설을 개선할 생각을 도무지 하지 않는 것 같다.

하지만 사실 이런 독특한 사고방식이야말로 프랑스의 매력이 아닐까? 프랑스인은 조상 대대로 살아온 낡은 집을 싹 밀어내고 그 위에 최신 편의시설을 갖춘 으리으리한 새 집을 짓기보다는 조상이 살던 낡은 건물을 잘 고치고 다듬어서 사는 편이 훨씬 편안하다고 생각한다. 덕분에 오늘날 파리 중심가에도 오래된 건물이 많이 남아 있다.

파리라는 도시의 매력을 한마디로 말하자면 '세계 젊은이들의 추억 금고'라고 할 수 있다. 내가 처음 배낭을 매고 어머니를 따라 파리에 갔던 1990년, 판테온Pantheon의 작은 음식점에서 밥을 먹었다. 그리고 10년 뒤, 나는 고등학교를 졸업하고 친구들과 함께 파리 여행을 하며 바로 그 음식점에서 밥을 먹었다. 다시 6년 뒤, 내가 대학을 마치고 파리로 이주한 2006년에 다시 그곳에서 같은 음식을 먹었다. 10살에 밥을 먹었던 식당에 20살이 되어 다시 가서 먹고, 50살에 또 가서 같은 음식을 먹을 수 있는 곳이 파리다. 그런 도시가 오늘날 전 세계에 과연 몇 개나 될까? 지금 내 고향 원주에는 내 어릴 적 기억 속의 공간이 단 하나도 남아 있지 않다. 그래서 종종 내 고향은 원주가 아니라 파리같이 느껴진다. 젊을 때 파리에서 조그마한 추억이라도 하나 만들어둔 사람은 오랜 세월이 지나 노년이 되어 파리에 다시 간다면 아름다웠던 젊은 시절이 고스란히 살아나 가슴이 촉촉해질 것이다. 오스트리아 출신의 노벨상 수상 소설가 슈테판 츠바이크Stefan Zweig가 파리를 '영원한 젊은이의 도시'라고 부른 이유도 그때문일 것이다.

실제로 파리는 젊은이의 도시가 아니라 상당히 노화된 도시다. 그러나 내 젊은 시절이 되살아나는 도시다. 샤넬 브랜드의 디자이너로 유명한 칼 라거펠트Karl Lagerfeld는 프랑스 남성지와의 인터뷰에서 처음 파리에 와서 가장 놀랐던 것이 '파리 패션이라는 것이 우리 할아버지 시대의 옷을 젊은 사람들이 입는 것'이라고 했다. 파리의 매력이 바로 이 변하지 않는 익숙함이라는 것, 그래서 라거펠트의 디자인은 1930년대 활약했던 브랜드의 창시자 가브리엘 샤넬의 큰 틀을 절대로 깨트리지 않는다.

프랑스를 배경으로 한 2차 세계대전 영화 〈외교La Diplomatie〉를 보면, 한 독일 장교가 파리의 랜드마크를 폭파하라고 명령했다는 소문을 들은 북유럽 외교관이 황급히 그를 찾아와 옥상 위로 데리고 가서 파리의 야경을 보여주며 이렇게 말하는 장면이 나온다.

"우리 아이들도 이 장소에 서면 지금의 우리와 똑같은 광경을 보게 되겠죠."

프랑스인은 부모의 옷이나 가구는 물론 집까지 물려받아 원형을 보존하며 오래오래 사용한다. 반면에 한국에 사는 우리는 이사 갈 때마다 새 집에 어울리는 새 가구를 들여놓고 인테리어를 새로 꾸민다.

프랑스 철학자 가스통 바슐라르는 저서《불의 심리학La Psychanalyse du feu》에서 가구를 문지르는 행위를 이렇게 서술했다.

"가구를 문지르는 것은 그 안에 있는 불을 일깨우는 아주 원시적 욕구의 표현이다. 가구를 문지르면 문지를수록 그 가구가 점점 더 명확하게 내 것이 된다."

자기 손으로 직접 광을 낸 가구나 자동차를 볼 때 느끼는 그 정감이 바로 프랑스인이 추구하는 미적 감각인 것이다.

사실 '편안함'에 대한 욕구는 프랑스인에게만 있는 것이 아니다. 인종이나 국적을 떠나 거의 모든 사람 마음 한구석에 남아 있는 감정일 것이다. 사람은 누구나 삶이 힘들 때 부모를 그리워하고 고향집을 생각하며 눈물을 흘린다. 편안함을 찾고 싶은 것이다. 심지어 편안함보다 편리함을 중요시하는 것으로 보이는 미국 영화에서도 이혼한 딸이 시골에 있는 부모님 댁에 가서 자기가 어릴 때 쓰던 방에 매일 안고 자던 인형을 안고 며칠씩 지낸 뒤에 치유가 되어 도시로 돌아가는 장면이 참 많이 나온다.

사람은 새롭고 편리한 것을 좋아하는 한편, 어려움을 겪을 때는 편안해지기 위해 익숙한 것을 찾는다. 그리고 알고 보면 우리의 삶을 편안하게 해준다며 등장한 새로운 물건들은 대부분 약속을 끝까지 지키지 못한다. 우리에게 언제 어디서나 연락 가능하게 해준다며 등장한 모바일 기기는 분명 편리하지만, 우리를 주말도 저녁도 없이 각종 인간관계와 업무에 묶어놓는 족쇄가 되기도 한다. 끊임없이 쏟아져 나오는 스마트폰 어플과 갖가지 컴퓨터 프로그램이 편리하기는 하지만, 조작법을 익혀서 쓸 만하면 새로운 버전으로 업데이트 하라고 해서 한 번도 '내가 이 물건을 마스터 했다'라는 안도감을 느낄 수 없게 한다. 새 제품이 예전 것보다 좀 더 쓰기 편해졌다는 이유로 미련없이 내다버린 우리의 헌 세탁기, 에어컨, 자동차는 지구의 한구석에서 쓰레기로 쌓여 공기와 물을 오염시킨다.

미국의 정신의학과 교수인 마크 쉔Marc Schoen은, 현대인은 불편을 즉시 해결하지 못하면 거기에 적응하지 못하고 두려워하므로, 세상은 점점 편리해지는데 우리는 갈수록 불편해진다고 했다.

할머니가 물려준 테이블보를 정성스럽게 손빨래 하는 프랑스인의 모습은 21세기 소비사회를 살아가는 우리에게 앞으로 가야 할 바람직한 방향이 어디인지 실마리를 보여주는 것 같다.

PART

02

메멘토 모리

MEMENTO
MORI

프랑스인은 인생에서 깊고 심오한 의미를 찾지 않는다. 내가 지금 느끼는 감정을 조금 더 자세히,
아름답게 묘사하고 더 잘 느끼는 방법 찾기에 집중한다.

고등학생도 스스럼없이
'죽음'을 말하는 나라

_____ "자비에르 교수님이 다음 주에 학교 그만두고 타히티로 떠나신대."

"아니 왜?

"아버지께서 돌아가셨잖아."

미술사 분야에서 세계적으로 이름난 대학의 잘나가는 교수님이 갑자기 학교를 그만둔다는 소문을 들은 나는 적잖이 당황했다.

"직장까지 그만둘 정도로 충격이 크셨나?"

"부모님이 돌아가시면 당연히 자기의 죽음을 염두에 두게 되지. 인간은 태어날 때부터 죽음의 문 앞에 줄을 서 있는 거잖아. 내 앞 사람인 아버지가 죽으면 당연히 디음은 내 차례라는 생각이 들고 '이제 내 차례라고 생각하면 죽기 전에 해보고 싶었던 것을 할 타이밍이 바로 지금이야'라고 생각하지 않겠어?"

　나는 이 말을 한 사람이 로빈이라는 점에 더욱 놀랐다. 나는 미국에서 학부를 마치고 2년이 지난 뒤 프랑스에 왔는데, 대학원 입학이 허용되지 않아 다시 학부 과정인 미술사 학교에 입학해야 했다. 그래서 미술사 학교의 내 동급생들은 나보다 너댓 살씩 어렸다. 로빈은 그때 겨우 만 20살, 우리나라 나이로 21살로, 죽음에 대해 덤덤하게 말하기에는 어울리지 않았다. 그런 그와 와인을 마시면서 죽음에 대해 많은 대화를 나누었다. 로빈은 자기는 죽은 후 옛 아메리카 원주민처럼 수목장을 하기 원한다고 했다. 그들은 조상이 죽으면 땅에 묻지 않고 시신을 나무에 걸어놓아 맹금류가 와서 시신을 뜯어먹게 했다고 한다. 로빈은 죽은 다음에 나무 관 따위에 갇히느니 자기 몸의 일부가 새의 일부가 되어 창공을 떠돈다는 상상을 하면 죽음이 훨씬 덜 두렵다고 말했다.

　사실 나는 청춘의 국가에서 나고 자랐다고 해도 과언이 아니다. 내가 초등학교 때 우리나라는 오렌지족과 X세대라는 자유분방한 청년층이 새로운 문화를 만들고 있었다. '서태지와아이들'의 '난 알아요'는 당시 시대의 사운드트랙이었고, 내가 다니던 여의도초등학교 옆길에는 머플러를 뜯고 네온 라이트로 장식한 오토바이를 탄 고등학생 형들이 괴성을 지르며 질주하는 것이 유행했다. 신세대는 구세대를 노골적으로 싫어했고, 언젠가는 자기도 구세대가 된다는 것은 생각조차 하지 않았다. 당시 고등학생 형들은 "40살 먹은 사람들은 뭐 하러 사나"라는 말도 스스럼없이 하고 다녔다.

그리고 나는 1990년대에 미국에서 청소년기를 보냈다. 당시 미국도 한국만큼이나 'Youth Culture(청년 문화)' 중심의 젊은 나라였다. 내가 초등학교 다닐 때 국내에는 미드(미국 드라마)가 유행이었다. 그래서 〈베버리힐스 90210〉, 〈베이사이드의 얄개들〉 같은 미국의 틴 코미디가 국내의 인기 TV 프로그램이 되었다.

나는 청소년기에 이런 하이틴 코미디를 통해 청년의 고뇌, 사랑, 열정 등이 인생에서 가장 멋진 것으로 여기게 되었다. 젊음의 시간이 지나면 매일 넥타이를 매고 직장으로 출근을 해야 하는 중년이라는 잿빛 길이 기다리고, 사랑이나 낭만이 아닌 부동산이나 주식 같은 따분한 주제에 열을 올리는 재미없는 인생이 시작될 것으로 생각했다. 당시 미국에 사는 청소년들은 나뿐만 아니라 대부분이 중년을 따분하게 생각했으며 노년에 대해서는 사실 별 관심도 없었다. 심지어 내가 미국으로 건너가 살던 당시의 미국 TV 등에서 노년을 어떻게 다루었는지는 기억조차 나지 않는다. 분명한 사실은 노인이나 죽음을 그다지 자주 다루지 않았다는 것이다.

내가 고등학교 3학년쯤 되었을 때 조지 클루니George Clooney가 주연한 〈FR(응급실)〉이라는 드라마가 유행했는데, 이것은 그 이후 미국을 강타한 응급실 드라마의 원조가 되었다. 드라마의 특징은 젊고 잘

생긴 의사가 교통사고나 화재로 죽을 고비를 겪는 환자들을 초능력 자처럼 고쳐낸다는 것이었다. 당시 미국의 매스미디어에서는 젊음과 죽음이 싸우면 항상 젊음이 이겼다. 죽음은 마치 과학의 발전과 개인 의 노력으로 가볍게 극복할 수 있는 일종의 귀찮은 장애물처럼 묘사 되었던 것 같다.

미국에서 내 바로 위 세대가 듣고 자란 노래로, '페임Fame'이라는 드라마 주제곡이 있다. 이 노래 가사의 일부는 이렇다.

I am going to live forever.
I am gonna learn how to fly, high.
나는 영원히 살 거야.
나는 하늘을 나는 법을 배울 거야, 높게.

이렇게 청춘을 예찬하고 높이 치는 문화에서 성장한 내가 처음 프 랑스인을 접했을 때 젊은 사람들은 모두 '애늙은이'로 보였다. 일단 미국에 비해 최신 유행 음악이 아닌 클래식을 좋아하는 프랑스 젊은 이들의 스타일이 마치 누벨바그Nouvelle Vague 영화의 한 장면처럼 기 이해 보였고, 등교길에 할아버지가 썼을 법한 낡은 자전거 짐칸에 가 죽 끈으로 묶은 책을 싣고 다니는 데다 카페에 앉아서 '인생'이니 '죽 음'이니 하는, 10대에게는 전혀 어울리지 않는 단어를 너무 많이 쓰

며 심각한 대화를 주고받는 모습이 나에게 여간 낯설지가 않았던 것
이다. 프랑스의 학부모들 역시 어린 자녀에게 자신의 큰 질병이나 친
척의 죽음에 대해서 서슴없이 이야기한다. 아이들도 자주 그런 주제
로 덤덤하게 토론을 했다. 하지만 이 칙칙하고 차가운 대화가 프랑스
문화 특유의 편안함을 만들었다는 사실은 파리 거주 한참 뒤에 깨닫
게 되었다.

'프랑스 여자는
늙지 않는다'

_____ 한번은 어머니 친구분의 딸이 혼자 처음으로 프랑스에 온다고 했다. 그녀는 한국에서 미술사를 공부하는 중이었는데, 책에서만 보던 예술 작품을 직접 보고 자기가 동경하는 화가들의 생가를 방문한다는 사실에 무척 마음이 설렜던 것 같다. 역에서 그녀를 만난 나는 프랑스에 대한 첫인상이 궁금해서 물어보았다. 그러자 그녀는 이렇게 말했다.

"프랑스 사람들은 왜 그렇게 죽은 사람들을 위해서만 큰 건물을 만들었죠?"

나는 그때 한창 파리에서 미술사를 공부하는 중이었지만, 그런 생각은 해본 적이 없었다. 문득 그 말이 맞다는 생각이 들었다. 몽마르트 언덕에서 파리를 내려다보면 가장 크고 아름다운 건물이 무덤 건물이다. 프랑스 의회 건물 뒤로 우뚝 솟은 '레장발리드Les Invalides'의 황금 돔 아래에는 나폴레옹이 잠들어 있다. 소르본대학(파리1대학)을 내려다보고 있는 판테온은 국가가 관리하는, 프랑스를 빛낸 영웅들의 국립묘지다. 이 두 건물은 파리 도시 전경의 양대 축이다. 런던이나 뉴욕에서는 은행, 우체국, 사무실 등 산 사람을 위한 건물이 도시의 중심이라면, 프랑스는 거대한 무덤이 중심을 이루고 있는 것이다. 실제로 파리의 유명한 관광지인 카타콤베Catacombe는 흑사병 유행기에 죽은 파리 시민의 뼛더미가 묻힌 곳이다. 그리고 프랑스의 아름다운 성당들은 성인과 왕들의 관과 신체의 일부를 성물로 모시고 있다. 프랑스에 처음 놀러온 내 미국 친구 알렉스도 파리의 첫인상을 "죽은 고래의 뼈 같다"라고 했는데 파리를 너무 정확하게 꿰뚫어본 말인 것 같다.

프랑스는 라틴 문화권에 속한다. 라틴 문화란 고대 로마 시대의 문화를 말한다. 고대 로마는 죽음을 가까이하며 살았다. 많은 서양 사극 영화에서 다루는 검투사 경기는 원래 로마시대의 제사 의례였다. 검투를 하다가 노예가 죽으면 그 피로써 죽은 로마인을 위로하는 죽음의 향연이었던 것이다. 로마의 귀족은 죽은 조상의 얼굴을 석고로 본뜬 '데드 마스크'를 자기 집 입구에 걸어놓고 살았다.

로마시대부터 라틴족은 죽음을 어둡고 음산한 것이 아니라 삶을 풍요롭게 만드는 열쇠 같은 것으로 믿었다. 로마의 철학자 키케로는

〈분노를 다스리는 법〉이라는 에세이에서 "내가 죽여버리고 싶은 사람을 굳이 죽이지 않아도 자연이 알아서 죽인다"라고 말했다. 어차피 늙어 죽을 사람을 좀 더 빨리 보내고 싶어 살인을 한다는 것이 얼마나 허망한 일인가라는 것이다. 어차피 죽는다는 것, 즉 인생의 엔딩이 죽음으로 귀결되기 때문에, 또 그 엔딩을 바꿀 수 없기 때문에 인생은 발버둥치며 살 필요 없다는 철학이 라틴 민족의 후손인 프랑스, 스페인, 이탈리아인이 낙천적이고 열정적인 인생을 추구하는 요소로 승화한 것 같다.

죽음이 필연이라면 그 중간에 벌어지는 일들은 고통스러운 것이라도 숭고한 일이 된다. 또 인생이 죽기 전까지만 주어지는 것이라면 자기 감정과 느낌을 내일이 마지막 날인 것처럼 항상 받아들이며 살아야 한다는 생활 태도를 가지게 될 것이다.

프랑스의 중세기에는 '트랑지transi'라고 하는 예술 형태가 있다. 대표적인 예는 프랑스 남부 마을 바르르뒤크Bar-le-Duc의 생테티엔Saint Étienne 성당 안의 해골상이다. 수의를 입고 부패해가는 해골이 하늘을 향해 손을 뻗고 있다. 중세 귀족 중에는 이렇게 살아 있을 때 자기가 죽은 후의 모습인 해골이나 벌레가 뜯어먹은 시체 모양으로 조각을 의뢰하는 사람이 꽤 있었다고 한다. 이런 예술이 바로 트랑지다.

그 때문일까? 프랑스에는 노티(老氣)로 가득한 젊은이에 비해 할아버지나 할머니들은 아무 근심 없는 철부지처럼 해맑다. 아직 미숙

해서 자신에게 어울리는 옷을 고르는 방법을 모르는 젊은이를 비웃듯, 멋쟁이 할아버지와 할머니가 멋진 차림으로 팔짱을 끼고 공원을 걷는 모습을 흔히 볼 수 있다. 아마《프랑스 여자는 늙지 않는다》라는 책이 우리나라에서 주목을 받은 것도 이런 프랑스 노인을 부러워하는 중장년층이 많아서일 것이다. 이 책은 샴페인 브랜드 '뵈브 클리코Veuve Clicquot'의 최고경영자 출신인 미레유 길리아노Mireille Guiliano의 저서로, 그녀는 노년에 대해 이렇게 말한다.

"나는 거울에 비친 내 모습을 있는 그대로 바라본다. 그 모습을 받아들이고 편안하게 생각한다. 하지만 나 자신을 돌보고 현재의 내 이미지를 가장 멋지게 드러내기 위해 최선을 다할 것이다."

그녀에게 늙어가는 자기 모습을 그대로 반사해주는 거울은 일종의 '트랑지'일 것이다. 세계 각국에서 진행된 한 여론조사 결과, 프랑스인이 노화를 가장 덜 걱정한다고 한다. 프랑스 전체 인구의 3분의1 정도가 80살은 되어야 '늙었다'고 생각한다는 것이다.

대부분의 현대 문화에서 인간은 결국 늙게 되어 있고 언젠가는 죽는다는 점을 굳이 드러내 말하는 것을 터부시한다. 집에서 장례를 치르던 우리나라나, 매주 가는 동네 교회 옆에 죽은 자들이 안장되어 있던 서부시대의 미국만 해도 그렇지 않았지만, 현대인에게 죽음은 병원이라는 시설에 격리되고, 화장시켜 가족을 떠나보낼 때도 두꺼운 유리창을 통해 하얀 코트를 입은 사람들이 시신을 화장한 뒤 남은 뼈를 가지런히 정리하는 모습 정도만 보게 된다. 현대로 올수록 죽음을 잘 모르고, 그래서 늙음과 죽음을 더욱 두려워하게 된 것 같다. 그래서인지 세계적으로 어른들은 어린 자녀나 청소년 앞에서 죽음이나 병에 대한 이야기를 암묵적 약속이라도 한 듯 삼간다.

하지만 프랑스는 다르다. 지금도 프랑스 학생들은 중학교 시절부터 철학을 정규 과목으로 배운다. 어린 나이부터 철학, 특히 라틴 철학의 중심 논제인 삶과 죽음을 주제로 끊임없이 토론한다. 프랑스 학생들은 철학을 '학생의 수준에 맞춘다'며 어른이 민감하게 생각하는 부분을 삭제한 청소년용 교과서나 요약본으로 배우지 않는다. 플라톤, 니체, 칸트의 원본을 사서 읽고 수업시간에 토론하며 배운다. 그래서 죽음, 물질, 성공, 섹스 같은 묵직한 이야기를 어렸을 때부터 나누는 것에 익숙하다.

프랑스 문화 라디오의 진행자이자 철학자인 라파엘 엔토벤Raphael Enthoven은 바칼로레아 철학 논술을 준비하는 학생들이 좋아하는 유명 철학교수다. 그는 바칼로레아 예시 문제로 '죽음에 대해 생각하는 것이 가능한가?'를 제시했다. 프랑스에서는 이런 주제가 중고등학생들 듣기에 전혀 문제 없고 유익한 주제다. 어렸을 때부터 철학으로 사고하고, 토론하고, 논술을 쓰는 것을 '공부'로 여겨온 프랑스 중고등학생들은, 대학교 들어가서 전공을 선택하고 그제야 플라톤의 책을 접해보는 다른 나라 학생들과 삶과 죽음에 대한 고찰의 깊이가 다를 수밖에 없다. 그리고 그 깊은 고찰은 나날이 여물어 성인이 되면 죽음과 늙음뿐 아니라 삶 자체를 편안하게 받아들일 수 있는 통찰을 갖추게 되는 것 같다.

변덕스럽고, 불평 많으며,
피곤한 사람들

———— 날씨 좋은 날 공원에서 남자가 의자 위에, 여자는 그 남자의 무릎 위에 올라 앉아 뜨거운 키스를 나누는 광경을 보고 미국인은 혀를 끌끌 차며 이렇게 말한다.

"방 잡아라!(Get a room!)"

사실 미국인뿐만 아니라 한국인도 공공장소에서 프랑스인의 이런 행동을 보면 민망해한다. 대부분 나라에서는 다른 사람을 배려해 개인 감정을 절제하는 것을 기본 예의로 본다. 그러나 프랑스인은 자기들끼리 사랑을 느끼면 남들 눈을 아랑곳하지 않고 공공장소일지라도 키스는 물론 진한 스킨십 나누기도 서슴지 않는다. 반대로 사람 많은 음식점에서도 갑자기 부부싸움을 벌이기도 한다. 프랑스 사진가 앙리 카르티에-브레송Henri Cartier-Bresson의 〈키스〉라는 사진이 프랑스의 정서를 대표한다고 말하는 것은 이런 프랑스인의 정서를 대변해 주기 때문일 것이다. 이들은 사랑이건 분노이건 슬픔이건 자기의 감정을 억제하고 애써 웃어 보이는 것이 남에 대한 예의라고 생각하지 않는다.

크리스타는 홍콩인이다. 부모님이 금융계에 종사해 이사를 많이 다녔다. 그녀는 홍콩에 있는 영국 학교를 다녔고, 동생 제시카는 파리의 프랑스 학교에 다녔다. 어느 날 크리스타는 프랑스에 사는 동생을 위해 홍콩에 있는 자신과 동생의 친구들을 초대해 깜짝 생일 파티를 열어주었다. 그런데 제시카는 파티가 시작되자마자 "오늘 두통 있는데"라고 한마디 하더니 자기 침실로 올라가 문을 쾅 닫아버렸다.

그러자 흥미로운 일이 벌어졌다. 초대받은 친구들은 영국 학교 출신과 프랑스 학교 출신이 섞여 있었는데, 영국 학교에 다닌 친구들은 제시카의 무례함에 놀라 입이 크게 벌어진 반면, 프랑스 학교 친구들은 "이왕 모였는데" 하면서 자기들끼리 파티를 즐기기 시작한 것이다. 이들은 제시카가 두통에 시달리건 말건, 영국 학교 친구들이 황당해하건 말건 와인을 마시고 음악을 시끄럽게 켜놓고 새벽까지 놀다가 헤어졌다. 크리스타는 집안 뒷정리를 하다가 왠지 모르게 서러워서 눈물을 흘렸다. 영국 학교 친구들 앞에서 크게 망신당했다는 생각과, 어렵게 생일 파티를 열어준 언니의 성의를 싹 무시한 동생에 대한 배신감 때문이었다. 그때 한숨 자고 일어난 제시카가 기지개를 켜며

나오더니 울고 있는 언니를 어리둥절하게 바라보며 "왜 울어?" 하며 물었다고 한다.

영미 문화권 국가나 우리나라처럼 미래를 위해 현재의 감정과 욕망의 억제를 당연시하는 문화에 익숙한 사람들 눈에는 프랑스인이 변덕스럽고 불평 불만투성이의 피곤한 사람들로 보이기 쉽다. 미국 할리우드와 프랑스 영화계는 그런 편견을 주제로 한 미국 남자와 프랑스 여자의 연애 스토리를 다룬 합작영화를 만들어 종종 큰 재미를 본다. 예를 들어 〈뉴욕에서 온 남자, 파리에서 온 여자〉라는 영화가 있다. 영화의 원제는 '파리에서의 이틀Deux Jours A Paris'로, 뉴욕에 사는 2년차 연인인 미국 남자와 프랑스 여자가 함께 파리의 여자 부모 집에 들러 이틀 동안 묵으면서 일어나는 에피소드를 다룬다. 미국 남자친구는 여자친구의 엄마가 자신에게 어린 시절 연애 경험을 서슴없이 털어놓는 것에 첫 번째 충격을 받았고, 여자친구가 전 남자친구들과 거리낌 없이 만나는 것에 두 번째 충격을 받았다. 하지만 프랑스인은 그런 미국 남자친구의 불편한 심정을 전혀 이해하지 못한다. 오히려 인생의 감정이 얼마나 복잡미묘한지, 사람은 모두 저마다의 스토리가 있는지를 이해하지 못하는 미성숙한 아이 취급하며 무시한다.

프랑스 여자와 결혼한 한국 남자 중에 아내가 시어머니 앞에서도 남편에게 신경질을 내거나 서슴없이 부부싸움을 벌이는 바람에 어머니께 민망하다며 끝내 이혼한 경우도 있다. 우리나라에서는 부부가 사이가 나빠도 어른들 앞에서는 그런 티를 내지 않으려고 노력한다. 명절 때 시골에 가서 시부모님 때문에 마음이 상해도 돌아오는 자동차 안에서 싸울지언정 부모님 앞에서는 괜찮은 척하는 것이다.

내가 프랑스에서 귀국해 첫 참여한 한 TV토크쇼에서 한 여성 패널의 말에 충격을 받았던 기억이 생생하다. 그녀는 결혼 후 임신했는데 건강이 나빠져 심한 하혈을 했다고 한다. 그때 친정엄마가 전화를 걸어와 잘 지내느냐는 안부를 묻는 말에 괜찮다고 대답하고는 화장실로 달려가 혼자 울었다고 했다. 나는 왜 가족 앞에서 자기의 그런 고통을 숨기는지 모르겠다고 말했다가 그 여성 패널은 물론 다른 패널로부터도 눈총을 받았다.

프랑스인은 '인간의 희로애락'을 우리와 다르게 바라본다. 이는 메멘토 모리 전통과 관계가 깊을 것이라고 생각한다. 인간은 살아 있을 때만 감정을 느낀다. 태어나기 전에는 아무것도 느낄 수 없었고 죽은 이후에도 마찬가지다. 삶이라는 것이 무엇인가를 느낄 수 있는 제한된 시간이라면, 그것도 단 70~80년만 주어졌다면 슬픔, 절망, 우울 같은 고통스러운 감정도 행복, 사랑 같은 감정만큼이나 아름다운 것이 된다. 그것이 삶의 가장 아름다운 것이라면 다른 사람 앞에서 감출 이유가 없다. 이것이 언젠가는 죽을 것임을 잊지 않고 사는 프랑스인의 인생관이다.

프랑스인에게 신경질 나고 화가 나 싸우는 것은 실존적 인생의 일부로, 특히 가족 앞에서는 감출 이유가 없는 당당한 행동이 된다. 프랑스인은 인간의 모든 감정과 감각을 존재의 증명으로 보기 때문이다.

프랑스에서는 독일 철학을 '문화의 철학Philosophie de culture', 프랑스 철학을 '문명의 철학Philosophie de civilisation'이라고 구분한다. 그리고 영국은 철학을 과학으로 대체한 나라라고 냉소적으로 말한다. 사실 프랑스 철학과 독일 철학을 '문명'과 '문화'의 철학이라고 구분한 사람은 독일의 소설가 토마스 만으로 알려져 있다.

'문화'는 사회의 내밀한 면이다. 그래서 독일 철학은 프로이트처럼 잠재의식을 통찰하거나, 헤겔이나 마르크스처럼 역사와 민족의 흐름이나 시대혼 같은 무형의 것을 주로 다룬다. 그에 비해 '문명'은 표면적이다. 가장 프랑스다운 미술로 평가받는 인상주의 화풍은 스쳐가는 외형을 그리는 것이 특징이다. 프랑스 철학자 볼테르는 깊은 담론이나 이념보다는 고정관념을 희화화한 '사회관습Les moeurs의 관찰자'로 유명하다.

존재에는 존재 자체 이외의 다른 목적이 있을 수 없다는 사르트르가 프랑스를 대표하는 철학가가 된 이유는, 인생은 표면과 내면이 다르지 않다고 생각하는 프랑스인다운 철학을 추구했기 때문일 것이다. 인생이 어차피 정해진 시간 이후에 소멸되는 것이라면 소멸되기 이전에 한 개인이 오감으로 느끼는 맛과 멋이 인생 그 자체이므로 더 깊은 의미를 찾을 수도 없고, 찾을 필요도 없다는 것이다. 이렇게 생각하는 프랑스인은 엄청난 삶의 무게에서 벗어날 수 있는 것 같다.

프랑스인이 보기에 독일인은 신념의 민족이다. 독일은 종교의 근본 이념에서 벗어났다는 이유로 천주교를 상대로 반기를 들었고, 공산주의와 파시즘이라는 20세기의 가장 강력하고 파괴적인 두 가지 이념을 모두 탄생시켰다. 그에 비해 프랑스인은 인생에서 깊고 심오한 의미를 찾지 않는다. 내가 지금 느끼는 감정을 조금 더 자세히, 아름답게 묘사하고 더 잘 느끼는 방법 찾기에 집중한다.

프랑스인은 주로 '어차피 사라지는 것' 즉 맛과 향기 그리고 멋을 소비한다. 프랑스에 세계적으로 유명한 패션이나 향수업체가 많은 것은 내수가 그만큼 받쳐주기 때문일 것이다.

파리에서 미술사 학교에 다닐 때 동급생인 로빈은 종류가 다른 향수가 무려 20여 가지나 있었다. 구두도 한국이나 미국 친구들에 비해 몇 배 많았다. 학교를 졸업하고 만나게 된 뱅상은 당시 피잣집 종업원이었는데, 그의 집에 갔을 때 옷장을 열어보니 옷이며 신발, 모자, 벨트 등이 연예인만큼이나 많아서 숍을 차려도 될 정도로 보였다. 그런데 설명을 듣고 보니, 돈을 많이 들여 산 것이 아니라 아버지 유품과 빈티지 숍에서 사다가 멋지게 고친 것이 대부분이었다. 그는 내 구두가 옷과 어울리지 않는다며 아버지 유품 중 30년 된 구두 한 켤레를 선물로 주었다. 가죽이 좋고, 디자인이 모던해서 지금도 즐겨 신는다.

감정 표현을 중요시하는 프랑스인은 자기 기분에 맞추어 치장하며 멋부리기를 좋아한다. 남에게 잘보이려고 치장을 하기보다 자기 멋에 겨워 치장함으로써 독창적인 패션 스타일을 낳아 파리를 세계 패션 리더로 만들지 않았나 싶다.

그래도 인생은 아름답다 -
프랑스식 사고방식

———— 할리우드 영화 〈127시간〉은 등반 중에 조난을 당해 127시간 동안 사투를 벌인 끝에 자신의 팔을 칼로 직접 자르고 살아 돌아온 애런 랠스톤Aron Ralston의 실화를 영화화했다. 주인공 애런(제임스 프랭코James E. Franco 분)은 산악용 로프와 등산용 칼 그리고 500밀리리터짜리 물 한 병만 들고 가볍게 등산에 나선 터였다. 그는 갑자기 협곡의 크레바스에 빠지면서 한쪽 팔이 돌에 끼어 움직일 수 없게 되어 빈약한 도구들에 의지해 127시간 동안 치열한 사투를 벌인다. 점차 기운이 빠져 죽음을 준비하다가 이대로 죽을 수 없다는 오기가 생긴 그는 소형 등산용 칼로 바위에 낀 자기의 팔을 자르고 탈출하는 데 성공한다. 살아 돌아온 그는 치료가 끝나자마자 불편한 몸을 이끌고 그 협곡을 다시 올라가려고 장비를 챙겨 집을 나선다.

이처럼 거대한 자연에 맞서 사투를 벌인다는 이야기는 할리우드 영화의 단골 소재다. 비단 영화뿐만이 아니다. 미국 문학의 원류라고 불리기도 하는 소설《모비딕》이나《노인과 바다》부터 공상과학 장르인 〈스페이스 오디세이〉, 영화 〈인셉션〉까지 인간은 거대한 자연에 도전하며, 자연과 싸워가는 과정에서 강해지고, 스스로에 대한 본질을 알아간다. 미국의 부자들은 아이들을 여름 캠프에 보내 자연에서 야영생활을 맛보게 하거나, 아들과 함께 래프팅이나 산악 트래킹 같은 활동을 함께 하는 것이 아버지의 당연한 의무라고 생각하는 사람이 많다.

이런 미국식 문화를 받아들인 우리나라에서도 뿌리 깊게 자리 잡은 인생관 중 하나는 '인생은 도전'이며, 그 도전을 받아들이지 않은 사람은 '겁쟁이'나 '게으름뱅이'로 단정한다. 미국이 새로운 경제 영역을 개척하는 방식인 '벤처'라는 사업방식이 망망대해로 모험을 떠난다는 뜻인 '어드벤처'에서 왔다는 사실은 우연이 아니다. 인생이라는 한판 도박에 올인해 엄청난 잭팟을 터트린 스티브 잡스, 엘론 머스크 같은 사람들의 책이 베스트 셀러가 된다. CIA의 자금으로 마약을 거래해 엄청난 돈을 벌었다가 결국 감옥에 간 사람의 이야기를 그린 영화의 제목이 〈아메리칸 메이드American Made〉라는 것 역시 우연이 아니다.

이런 할리우드 영화에 비해 인간과 자연의 관계를 다룬 프랑스 영화는 분위기가 사뭇 다르다. 프랑스 영화 〈그랑블루〉를 예로 들어보자. 그리스 작은 마을의 자크(장 마르크 바르Jean Marc Bar 분)는 어린 시절 바다와 돌고래를 가족 삼아 유일한 마을 친구 엔조(장 르노Jean Reno 분)와 잠수 실력을 겨루는 것을 유일한 낙으로 여기며 성장한다. 성장 후 엔조는 고향을 떠나 프리다이빙 챔피언이 되어 자크를 잠수대회에 초대한다. 자크는 자신이 몹시도 사랑하는 여자가 만류하고 스스로도 내키지 않는데도 대회 참가를 강행한 끝에 결국 엔조를 물리치고 우승한다. 자존심 상한 엔조는 패배를 인정하면서도 재도전을 위해 무리한 잠수를 시도하다 목숨을 잃는다. 자크는 자신을 말리는 애인을 뒤로하고 엔조를 따라 바다로 들어간다.

줄거리에서 짐작할 수 있듯이, 이 영화에서 바라보는 바다(자연)는 인간이 이기고 정복해야 할 대상이 아니다. 오히려 자연은 인간이 도전하기에는 너무나 거대하고 버거운 존재임을 은연중에 바탕에 깔고 있다. 인간의 의지가 자연보다 강하다는 오만은 과연 우리를 더 행복하게 만들어줄까? 어쩌면 죽음과 노화를 받아들이고, 한 세대가 오면 이전 세대는 소멸하는 것을 당연시하면서, 죽기 전에만 느낄 수 있는 감정인 사랑과 함께 즐기고 숨쉬면서 살아가는 태도가 더 멋지게 잘 사는 방법은 아닐까?

오늘날의 과학은 인간의 죽음에 도전하고 있다. 암을 치료하는 나노 기술을 이용해서 노화를 주관하는 DNA를 바꿀 것이라는 예견까지 나온다. 이미 인간은 마음대로 강줄기의 방향을 바꾸고 숲을 없애고 아파트를 지었다. 텔레비전을 켜면 60~70대도 도전하기 좋은 나이니 끊임없이 새로 배우고 새로운 일을 계획하라고 외친다. 그런 시대에 책도 엔딩이 있어야 아름답듯이 죽음이 있는 인생이 아름다울 수 있다고 외치는 프랑스인의 외침에 귀가 솔깃해지는 이유는 무엇일까?

나는 라파엘 엔토벤 교수가 호메로스의 서사시 〈오딧세이아〉에서 칼립소의 섬이라는 대목을 설명하는 내용에 큰 감명을 받은 적이 있다. 〈오딧세이아〉의 주인공 율리시스는 칼립소라는 여신을 만난다. 칼립소는 율리시스에게 늙음과 죽음이 없는 자기의 섬에서 같이 살자고 유혹한다. 율리시스는 세상에서 가장 아름다운 섬의 여왕에게 왜 군이 자기가 필요한지 물었다. 칼립소는 신의 삶처럼 무료한 것이 없다면서 이렇게 말했다.

"석양이 아름답더라도, 영원히 매일 석양을 볼 수 있다고 생각하면 무슨 의미가 있을까요?"

'귀하다'라는 말은 '싸다', '천하다'의 반댓말이기도 하지만 '흔하다'의 반댓말이기도 하다. 다시 말하면 흔한 것은 귀한 것이 될 수 없다. 만약 인생의 시간이 무한해진다면, 이 역시 흔해진다. 영원한 인생에서는 어떤 생의 순간도 귀하지 않다. 그래서 역설적으로 칼립소는 언젠가는 죽을 수밖에 없는 율리시스의 사랑이 필요하다고 말한다. 영원하지 않아 아름답기 때문이라는 것이다. 이런 지중해 문화의 철학 즉 삶은 죽음이라는 엔딩이 있을 때만 의미가 있다는 것을 철학자들은 '메멘토 모리'라고 하는데, 파리야말로 그 자체가 거대한 메멘토 모리라고 말할 수 있다.

영원히 사는 것이 과학적으로 가능해질 것으로 보이는 시대에 어린 시절부터 메멘토 모리를 가르치는 나라가 이 세상에 하나 남아 있다는 사실이 한 인간으로서 감사할 따름이다.

사람들
'먹기 위해 사는'

FOOD

프랑스인에게 요리는 생활의 일부가 아닌 학문이나, 조금 과장해서 말하면 종교와 같다. 프랑스인은 요리를 전문 분야로 독립시켜 예술의 한 장르로 만들었다.

'미각'이
있다

———— 장 피에르는 나의 루브르박물관학교 동창생이다. 그는 그 학교를 수석으로 졸업한 수재인데, 수업 중에도 아름다운 그림을 보면 눈물을 흘릴 정도로 감수성이 예민하며, 내가 본 그 누구보다도 미술사를 사랑하는 사람이다. 중세 그림을 공부하던 중 초기 기독교 예술에 감명을 받자 에티오피아로 건너가서 프랑스 발굴팀과 1년 동안 텐트 생활을 하기도 했다. 나는 그 정도로 미술사를 사랑하는 친구를 본 적이 없다. 지금은 미술평론가로 활동하고 있다.

그의 여자친구인 이사는 보기에도 푸근하고 아량이 넓은 사람이다. 둘은 학교에서 만나 사귀었는데, 이사는 자기가 장 피에르보다 미술 평가감각이 떨어진다는 것을 일찍부터 깨달았다고 말한다. 처음에는 좌절했지만, 지금은 자기는 일반 직장에서 돈을 충분히 벌어서 연구직만 맡아 돈 잘 못 버는 장 피에르를 지원해주고 주말이면 그의 미술 복원 작업에 동참하거나, 연구여행에 따라가는 방식으로 자신이 미술사에 불태웠던 청춘 시절의 열망을 해소한다.

장 피에르의 직업인 미술 평론과 미술품 감정은 프랑스인에게 특별히 중요하다. 프랑스의 가장 중요한 먹거리는 프랑스인이 흔히 말하는 '취향의 산업L'industrie du gout'이다. 어떤 사람의 취향이 세련되고 고급스럽다고 인정하고, 어떤 사람의 취향이 거칠고 촌스럽다고 하는지 결정하는 능력이 프랑스의 가장 큰 경제적 파워인 것이다. 파리 패션이 그렇고, 프랑스 식사 예절이 그러하며, 와인이 그렇고, 음식 문화와 미술 경매 등이 그렇다. 모두 '세련된 취향' 즉 진짜 고급스럽고 멋진 것과 그렇지 않은 것을 구별해 줌으로써 부가가치를 높이는 사업인 것이다. 우리는 이것을 '안목'이라고 말한다. 좋은 것과 나쁜 것을 구별할 줄 아는 눈이라는 뜻이다. 중국에서도 좋은 골동품을 고를 줄 아는 사람에게는 안광(眼光)이 있다고 말한다. 안목이 있다는 이유 하나만으로 이사가 장 피에르를 위해 헌신하는 것은 프랑스인에게 취향과 안목이라는 것이 얼마나 중요한지 보여준다.

그런데 프랑스에서는 미술품을 고르는 '안목'이건, 좋은 와인을 골라내는 후각이건, 살아가는 방식까지 세련되고 멋진 것을 알아볼 줄 아는 사람에게는 '미각이 있다'라고 말한다.

장 피에르나 이사는 조건 면에서 '가장 프랑스적인' 커플이다. 두 사람은 봄마다 '세파주cépage'를 하기 위해 시골의 와인 농장으로 간다. 직접 와인 밭에 가서 비에 젖은 촉촉한 땅과 그해 봄의 기후를 보고 와인 밭 한 부분을 골라 '이쪽 밭에서 나오는 포도에서 나오는 와인은 다 내가 사겠다'라고 입도선매 하는 것이다. 그는 이미 16살 때부터 이런 방법으로 와인을 수집해 왔다.

프랑스의 오래된 아파트는 지하에 '카브cave'라는 창고가 있다. 파리의 건물을 받치고 있는 거대한 지하 돌 아치의 파인 부분을 여러 개로 나누어 철창을 설치하고 자물쇠를 매달아 개인 창고로 분양한다. 대체로 이곳의 공기는 선선하고 직사광선이 들지 않아 주로 와인 보관소로 쓴다. 장 피에르의 카브에는 항상 수백 병의 귀한 와인이 보관되어 있었는데, 그의 여자친구인 이사는 누가 오는지, 무슨 이유로 오는지에 따라 어떤 와인을 꺼낼지 고민하고, 와인을 결정하면 그 와인의 성격에 맞추어 그날 저녁 파티 레시피를 짜며 공책에 적었다. 이사가 레시피를 디자인하는 과정을 보니 '와인은 음식의 영혼이고, 음식은 육체일 뿐이다'라는 프랑스 속담의 뜻이 이해되었다.

그날은 내가 3년 만에 파리에 다시 온 것을 축하하는 자리였다. 장 피에르는 할아버지 집에 있는 1988년산 로마네 콩티Romanée Conti를 훔쳐오기까지 했다. 와인 애호가도 평생 한 번 마셔보기 어려운 그런 와인을 말이다. 우리가 호들갑을 떨면서 와인 병을 열자 와인이 상해 있었다. 우리는 실망했지만, 이사는 환호성을 질렀다. 그러고는 자기

가 조리를 하던 뵈프 부르고뇽Boeuf Bourguignon(부르고뉴 지방의 갈비찜)
에 그 와인을 부으며 이렇게 말했다.

"우리가 재벌도 아니고, 만약에 이 와인이 안 상했으면 언제 로마
네 콩티로 요리를 해보겠어?"

우리는 그날 하루 종일 고급 와인이 소고기 맛을 정말로 좋게 하는
지에 대해 열띤 토론을 벌이느라 새벽 2시가 되어서야 헤어졌다.

입맛 까다로운 사람을
존중한다

_____ "얘는 왜 그렇게 입맛이 까탈스러워?"

나는 자랄 때 이런 비난을 매우 자주 들었다. 선천적으로 소화기가 약해서 지나치게 맵거나 뜨겁거나 특히 국물이 많은 음식을 먹으면 어김없이 탈이 났다. 우리나라 어른들은 음식을 가려 먹으면 '깨작거린다', '복 달아난다'라며 야단치고, 음식을 가리지 않고 맛있게 푹푹 퍼 먹는 사람을 보며 '복스럽다'라며 칭찬한다. 나는 '밥 좀 푹푹 퍼 먹어라'라고 하든지 매운탕처럼 먹으면 탈이 나는 음식을 옆에 앉은 친척이 잔뜩 퍼주는 것이 정말로 싫었다. 그런데 프랑스로 건너오니 놀랍게도 입맛 까다로운 사람을 오히려 높이 평가했다. 오히려 음식이 맛이 없는데도 계속 먹는 사람을 무식하다며 경멸의 눈으로 쳐다보기까지 했다.

프랑스인은 음식에 대해 어찌나 많은 생각을 하면서 사는지 모른다. 먹는 행위 자체보다는 식사하면서 음식에 관해 이야기하고 평가하고 서로의 요리를 품평하고, 텔레비전에 나온 새로운 레시피의 장단점이나 호불호에 대해 토론하면서 식사하는 것을 좋아한다. 집에 초대받아 가서도 밥 먹으며 그저 "맛있네요" 하면 성의 없다는 듯 팔짱을 끼고 그냥 고개만 끄덕인다. 오히려 "어떻게 크림 소스에 해물을 넣을 생각을 했어?"라며 별로 맛없다는 식으로 말하면 신이 나서 왜 자기가 그런 결정을 내렸는지에 대해 열변을 토하며 기뻐한다.

프랑스인은 밥 먹으면서 대부분 먹고 있는 음식에 관한 다양한 이야기를 나눈다. 한 그릇 먹고 그 음식 이야기하고, 또 한 그릇 먹고 그에 관해 이야기를 나누는 식이다. 이렇게 서너 가지 요리를 먹고 나면 보통 서너 시간이 후딱 넘어간다. 그런데도 집에 있는 칼바도스Calvados, 아르마냑Armagnac 같은 과실주를 쭉 꺼내놓고 차례대로 맛보면서 또 많은 이야기를 나누느라 식사 시간이 하루 종일 걸리는 것이 보통이다. 프랑스인은 근무하면서도 '집에 가서 무슨 요리를 할까?'를 생각하고, 집에 가서 요리하는 것이 직장 근무보다 더 중요하다는 농담이 있을 정도다. 프랑스인 커플이 장을 보면 토마토 하나도 돌려보고 냄새 맡고 눌러보고 다시 내려놓고, 새로운 향신료나 못 보던 먼 나라의 식재료를 보면 냄새를 맡아보면서 어떤 요리에 집어넣어서 더 독특한 요리를 만들 수 있을까에 대해 한참 동안 토론을 벌인다. 가족끼리 간단하게 식사할 때도 테이블 위에 예쁜 보를 깔고 포크와 나이프를 세팅하며, 아직 와인 마실 나이가 아닌 미성년자의 자리에도 와인 잔을 세팅했다가 아이가 앉으면 치운다. "너는 먹기 위해서 사냐?"라고 질문한다면 프랑스인은 항상 "위Oui"라고 할 것이다.

　프랑스인에게 가장 중요한 인사에 '보나페티Bon Appétit'라는 말이 있다. 우리나라에서 식사하기 전에 하는 '맛있게 먹겠습니다' 같은 인사말인데, '입맛이 돌기를 바랍니다'라는 뜻이다. 영어에는 이 말에 해당되는 표현이 없어서 미국이나 영국에서도 그냥 프랑스어 그대로 쓴다. 식당에서 모르는 프랑스 사람에게 "봉주르Bonjour"라고 인사를 건네면 모르는 사람이 왜 인사를 했는지 의아해하며 이상하게 쳐다본다. 그러나 밥을 먹고 있는 낯선 사람에게 "보나페티"라고 말하면 갑자기 자기가 먹고 있는 음식에 대해서 마구 설명을 하고, 심지어 옆에 앉아서 같이 먹자고 청하기도 한다.

　프랑스인은 왜 이렇게 먹는 것을 좋아하는 민족이 되었을까?

'먹는 것을 알면
어떤 사람인지도 안다'

_____ 프랑스를 제외한 세계 대부분 나라의 사람들은 음식이란 살기 위해서 먹는 것이라고 생각한다. 그래서 먹기 번거로워도 몸을 생각해서 먹어야 할 때 "한끼 간단히 때워"라고 말한다. 미국에는 심지어 차에 탄 채 음식을 주문하고 받아서 먹는 '드라이브 스루' 문화도 있다. 우리나라나 미국에서 직장을 그만둔 사람이 가장 쉽게 생각하는 창업이 바로 음식점이다. 요리는 누구나 쉽게 할 수 있는 것으로 치부된다.

그러나 프랑스인에게 요리는 생활의 일부가 아닌 학문이나, 조금 과장해서 말하면 종교와 같다. 프랑스인은 요리를 전문 분야로 독립시켜 예술의 한 장르로 만들었다. 요리에 필요한 식자재와 그것을 생산한 땅의 성질, 만드는 법까지 체계적으로 교육하고 국가가 요리사의 등급도 정해준다. 음식뿐만 아니라 특정한 요리 방법에 대한 철학이나 담론을 만들어내는 것도 매우 중요시한다. 그래서 프랑스는 요리사를 변호사나 의사 같은 지식 노동자, 또는 전문가로 인정해준 첫 번째 나라가 된 것 같다.

프랑스의 이웃나라인 이탈리아 요리도 세계적인 사랑을 받는다. 그러나 프랑스 요리와 달리 이탈리아 요리는 지식, 철학, 예술이 아니다. 훨씬 일상생활과 가깝다. 프랑스 요리 전통이 국가적 전통이라면 이탈리아의 요리는 가문의 전통이다. 이탈리아 사람은 요리를 평가할 때 '맛있다'라거나 '못 먹겠다' 정도로 이야기하지 프랑스인처럼 복잡한 분석을 동원하지 않는다.

이탈리아도 우리나라처럼 음식을 일상생활과 분리하지 않는다. 이탈리아인은 대가족이 한집에 모여 마당에 긴 식탁을 내놓고 커다란 접시에 파스타 등 먹기 편한 요리를 듬뿍 차려놓고 개인 접시에 덜어서 나누어 먹는 것을 가장 큰 행복으로 안다. 그에 비해 프랑스인은 아주 적은 음식을 예술 조형물처럼 꾸며 아주 조금씩 먹으며 품평하는 것을 좋아한다.

와인에 대해서도 마찬가지다. 이탈리아인은 동네마다 자기 동네의 와인을 격식 차리지 않고 편하게 마신다. 내 이탈리아 친구의 아버지는 수출용으로 정제하고 방부 처리하기 전에 통에서 꺼낸 뿌연 와인을 밥그릇으로 퍼서 드시는데, 슈퍼에서 파는 정제된 와인은 "싱거워서 못 먹겠다"라고 단호하게 말씀하신다. 그에 비해 프랑스 사람은 와인을 지역별, 토양별, 품종별로 나누고, 한 모금 마시고 한 시간 품평해야 직성이 풀린다.

사실 이런 프랑스의 요리 철학은, 요리 그 자체보다 정치와 더 깊은 관련이 있다. 프랑스 요리의 역사는 프랑스가 시작한 민주주의 역사와 그 궤를 같이한다. 프랑스는 왕정을 무너트리고 시민 혁명에 성공했지만 곧바로 민주주의를 성공시키지는 못했다. 오히려 로베스피에르라는 끔찍한 독재자가 등장해 프랑스 전체가 피비린내 나는 공포의 도가니가 되었고, 그다음에는 나폴레옹이라는, 왕정시대의 왕보다 막강한 권력을 휘두르는 황제가 나타나더니 유럽 모든 나라를 적으로 만들고 북미 대륙의 거대한 식민지를 잃기까지 했다.

나폴레옹 정권이 무너지자 프랑스에는 역시 사리분별 할 줄 모르는 민중에게 정치를 맡기면 안 된다고 생각하는 왕당복권파가 힘을 얻어 혁명세력인 공화파와 맞서서 오랜 시간 다투었다. 왕당복권파는 프랑스 평민이 애초부터 좋은 지도자를 분별할 능력이 없다면서 그들에게 투표권을 주면 좋은 사람과 나쁜 사람을 구별할 줄 모르기에 또다시 나폴레옹이나 로베스피에르 같은 독재자를 뽑게 될 것이라고 주장했다. 조제프 드 메스트르Joseph de Maistre가 왕당파의 대표 인물이었다. 그는 국가에 왕은 꼭 필요하고, 그 왕은 천주교 같은 상하관계와 명령체계가 뚜렷한 종교를 통해 정치를 해야 한다면서 "모든 민중은 자기 수준에 맞는 정부를 만든다"라는 말을 남겼다(이 말은 프랑스의 정치학자 알렉시스 드 토크빌Alexis de Tocqueville이 한 것으로 널리 알려져 있지만, 사실 그보다 조금 앞서 조제프가 먼저 했다). 이 말은 수준 낮은 민중에게는 독재가 적합하다는 의미로 해석할 수 있다.

과연 '정치 참여 경험이 없고 생계에 허덕이는 민중이 지도자로 '좋은 사람', '나쁜 사람'을 가려낼 줄 아는가'라는 질문이 19세기 초반 프랑스의 가장 중요한 사회적 논쟁거리였다. 우리나라에서도 국민을 무시하는 정치인이 있으면 민중을 '개, 돼지' 취급한다며 공분한다. 여기서 개, 돼지의 특징은 주는 대로 받아먹는 존재일 것이다. 프랑스 귀족파와 왕당파는 프랑스 평민의 식성만 보아도 그들은 사리분별이 없다며 노골적으로 무시했다. 와인과 음식을 자기 취향에 맞추어 까다롭게 골라 먹는 귀족과 달리 평민은 개, 돼지처럼 '주면 무조건 다 먹는다'라고 말한 것이다. 자기가 먹고 싶은 음식조차 고를 줄 모르는 천한 것들이 어떻게 자기가 좋아하는 정치인을 골라 현명한 투표를 할 수 있겠느냐를 강조한 것이다.

그 후로 프랑스인에게 음식을 가려 먹을 줄 아는 사람은 엘리트 자격이 있다는 사고가 퍼졌다. 귀족에 뒤이어 프랑스의 기득권 세력이 된 부르주아 계층은 귀족의 연회 문화 대신, 전문 요리사가 요리하는 음식점을 드나들면서 미각을 발전시켜 자기의 음식 취향을 과시하기 시작했다.

'일 라 뒤 구Il a du goût(그는 미각이 있어)'라는 문장은 그 사람의 안목을 총체적으로 칭찬하는 말이 된다. 프랑스의 사실주의 소설가 모파상은 자본주의의 물질적 탐욕을 비판한 작가로 유명한데, 그의 작품에도 이러한 인용이 나온다.

"인간의 모든 열정 중에, 내가 진정으로 존중할 수 있는 유일한 것은 미각이다."

그리고 이렇게 이어간다.

"세상에는 미각이 둔한 바보들이 있다. 하지만 미식을 탐하는 것은 예술가, 그리고 시인이 되는 것과 다를 바 없다. 미각이란 섬세한 기관이며, 훈련으로 완벽해질 수 있는 고결한 기관이다. (그림을 보는) 안목과 (음악을 듣는) 귀와 다를 바 없다."

한 프랑스의 슈퍼마켓 벽에는 루이제 콜렛Louise Colet이라는 여류 시인이 했던 말로 여겨지는 이런 문장이 적혀 있다.

"내게 장가 보낼 아들이 있다면, 나는 그에게 이렇게 말하겠다. 아들아! 와인과 치즈와 송로버섯을 즐겨 먹지 않는 여자와 절대로 결혼하지 말거라."

이것은 우리나라 사람이 볼 때 여자는 요리를 잘해야 한다는 아주 구시대적인 시어머니의 발언으로 들릴 수 있다. 하지만 이 말은 식자재를 까다롭게 고를 줄 아는 사람은 인생에서 자기 갈 길을 제대로 선택할 줄 안다는 프랑스의 근대 철학에서 나온 말이다.

이런 쟁점 속에서 시민의 '구gout(미각, 취향, 안목)'를 발전시키는 일은 프랑스의 국가적인 프로젝트로 승격되었고, 미각은 사람의 수준을 대표하는 철학적 의미로 굳어졌다. 프랑스 요리사 브리야 사바랭Brillat-Savarin은《미식 예찬》에서 이런 유명한 선언을 남겼다.

"당신이 무엇을 먹는지 말해주면 나는 당신이 누구인지 말해줄 수 있다."

프랑스의 유명 요리사 책일수록 첫 부분에는 음식 이야기가 아니라 자기가 자란 고향의 풍토와 토질에 관한 이야기가 나온다. 고향에서의 경험을 통해 음식의 최초 공급자인 땅과 음식의 관계를 어떻게 이해하는지를 설명하는데, 마치 자연철학이나 도교 철학서를 읽는 기분이 들 정도로 어렵다. 세계적으로 프랑스 요리는 특별할 때 먹는 비싼 요리라는 인식은 프랑스 요리에 특히 많이 동원되는 이러한 '철학적 담론' 때문일 것이다. 미국인이 죽기 전에 먹어보고 싶은 10가지 음식 중에는 프랑스 요리가 가장 많다.

요리
조기교육

───── 프랑스를 좋아하는 사람은 대부분 자기 스스로도 까다로운 사람이다. 프랑스 문화에 빠지게 되는 이유는 대체로 옷이나 음식을 굉장히 중요시하기 때문이다. 나와 함께 일하는 편집자 중 한 분도 평소에 입맛이 까다로운 사람이었다. 요즘 국내 슈퍼마켓에서 파는 음식이 입에 맞지 않아 아예 부인과 함께 요리를 제대로 배워서 집에서 맛있게 해 먹어보자고 하고, 프랑스 요리학교 코르동 블루Cordon Bleu가 한국에서 운영하는 직장인반에 다녔다. 그러고 나서 프랑스 남부의 미식 투어를 하기로 했고, 그때부터 프랑스 문화에 빠져들었다.

내가 아는 한 한국 여성은 영국에서 어학 연수를 하던 중 영국인 친구 집에 와인 시음을 하러 갔다. 눈을 가리고 이런저런 와인을 마시면서 오묘한 맛의 차이를 노트북에 적다가 거의 문학 동아리에서만큼이나 자기 성찰을 할 수 있다는 것을 깨닫게 되었다고 말한다. 그녀는 아예 프랑스 와인 생산 중심지인 부르고뉴의 도매상이 모여 있는 본Beaune이라는 동네로 이사 가서 1년 정도 와인 가게에서 아르바이트를 했다.

프랑스 와인에 빠지는 이유로는 물론 와인의 맛도 있지만, 프랑스인이 와인과 음식을 대하는 독특한 태도도 있을 것이다. 프랑스인의 그런 태도는 어릴 때부터 술과 음식을 '배워서' 먹고 마시기 때문에 생겨난 것이다. 실제로 프랑스 유치원과 초등학교에서는 지금도 미각을 교육한다. 이는 우리나라 EBS에서 소개한 적도 있다. 그 프로그램에서 소개한 프랑스의 미각 교육은 선생님이 어린 학생들에게 사과, 오렌지 등 과일을 손으로 천천히 만져보고 입으로도 천천히 깨물어보게 한 다음 그 느낌을 말로 설명하는 방식으로 진행되었다.

세상의 거의 모든 언어에는 색깔을 표현하는 단어는 많지만 맛을 직접 표현하는 단어는 부족하다. 예를 들어서 어떤 드레스를 보여주면서 "무슨 색이야?"라고 물어보면, "빨간색"같이 색에 대해 직접 이야기할 수 있다. 하지만 "살구가 무슨 맛이야?"라고 물어보면 대부분의 사람은 "살구 맛"이라고밖에 설명할 수 없다. 그래서 맛을 묘사하려면 비유법을 동원해야 한다. 이때 대부분 시적 묘사가 동원된다. 프랑스 아이들은 이 수업을 통해서 오이의 맛을 '마치 시골의 숲 공기를 이빨로 굴리는 것 같다'라든지, 토마토의 맛을 '태양과 대지의 맛을 믹서기에 갈아 넣은 것 같다'라는 식으로 표현하는 방법을 배운다. 한마디로 설명되지 않는 냄새, 맛 등에 대한 감각을 말로 표현하는 것 역시 요리를 통해서 배우는 프랑스 감성 교육의 장점일 것이다.

EBS에서 소개한 프랑스 학생들은 교실에서 식자재를 오감으로 느껴보고 완성된 요리를 맛보는 것뿐 아니라 그 식자재가 생산된 농장으로 현지 수업을 나가 땅 냄새를 맡고 손으로 감촉을 느껴보며 거기서 나온 식자재와 완성된 음식의 관계를 배우기도 했다. 패트릭 마크 레오Patrick Mark Leo 프랑스 미각협회장은 이렇게 말했다.

"미각은 단지 접시에서만 있는 것이 아니라 입 속에도 있다는 생각을 발전시켜 왔다."

미국 다큐멘터리 제작자인 마이클 무어Michael Moore는 〈다음 침공은 어디?〉라는 다큐멘터리를 통해 미국과 다른 생활방식으로 사는 유럽 국가의 좋은 제도를 미국 대중에게 선보였다. 이 프로그램에서 그가 프랑스 시골의 공립초등학교 식당을 방문하는 장면이 매우 인상적이다. 이 소규모 학교 식당에서 제공하는 점심 식사는 3~5코스짜리였다. 플라스틱 식기는 구경할 수 없고, 스텐리스로 만든 포크와 나이프, 멋진 사기 접시 등 고급 레스토랑 코스 요리처럼 나온다. 이 학교에 비하면 미국 학교의 음식은 패스트푸드 일색이며 가격도 그보다 많이 비싸다.

우리나라에도 '초딩 입맛'이라는 말이 있는데, 어린아이는 좋은 음식을 고를 줄 모르기 때문에 조미료가 듬뿍 들었거나 달고 짠 자극적인 음식을 좋아할 것이라는 선입견에서 나온 말이다.

그러나 나는 프랑스 아이들의 음식이나 요리에 대한 식견이 어느 정도인지 직접 경험한 적이 있다. 내 친구이자 프랑스어 선생님인 로렐린의 부탁으로 어른이 없을 때 잠시 그 집 아이들을 돌봐줄 때의 일이다. 어느 날 나는 아이들의 요리를 돕겠다고 냉장고에서 스파게티에 쓸 토마토를 끓는 물에 넣어 삶으려고 했다. 그때 갑자기 다섯 살배기 아이가 무슨 큰일이라도 난 것처럼 쫓아오더니 나를 말렸다.

"아니, 그 토마토를 삶을려고요?"

"응. 왜? 토마토 껍질 벗기려면 삶아야 하잖아."

내가 의아한 듯 묻자 아이가 이렇게 말했다.

"아뇨, 그건 날걸로 먹는 토마토예요. 스파게티는 이 토마토로 만들어야죠."

그러더니 아이는 얼른 냉장고 문을 열고 다른 토마토를 꺼내왔다. 나는 '토마토면 다 같은 토마토지, 삶는 토마토가 따로 있고, 날로 먹는 토마토가 따로 있나?' 싶어 의아했다. 내 기분 때문인지 그 아이가 나를 토마토도 구분하지 못하는 어른이라고 한심하게 보는 것 같아 잠시 민망했다.

아이는 나중에 나를 파리의 10일장에 데리고 갔다. 그리고 토마토, 감자, 양파의 품종과 특성을 설명해 주었다. 프랑스 슈퍼마켓에서는 어린아이들이 엄마 따라 장에 와서 토마토의 모양과 냄새를 확인하고 엄마가 요리할 메뉴에 맞는 품종의 식자재를 고르는 모습을 흔히 볼 수 있다. 프랑스 부모들은 자녀에게 요리에 관해서만큼은 철저히 조기교육을 한다.

애국은 국토에서 나온
좋은 음식을 먹는 것

———— 프랑스에서 국민의 입맛을 증진시키는 것은 국가적인 프로젝트다. 우리나라의 애국가나 국민의례처럼 프랑스인에게 프랑스 국토에서 나온 음식을 정성 들여 조리하고 먹을 줄 아는 것은 프랑스 국민이 되어가는 과정이다.

18세기 프랑스에 큰 영향을 미친 피지오크라시Physiocratie(중농주의) 철학은 중국 농본주의의 영향을 받은 프랑수아 케네François Quesnay와 추종자들이 발전시킨 사상이다. 이 사상은 당시 대항해 시대와 아시아로 가는 새로운 항로 발견으로 영국과 네덜란드가 상업을 국가의 중심에 두는 중상주의mercantilism를 숭상한 것과 대비되는 이론이다. 피지오크라시의 추종자들은 결국 무역도 땅에서 나오는 광물을 가공한 도구와, 땅을 일구어 농사를 지은 농산물을 교환하는 것에 불과하다는 점에 착안하고, 모든 부는 땅에서 나오며, 실제 생산을 주도하는 계층은 농민이라는 사상을 전개했다. 이들은 인간 사회가 땅의 성격에 맞추어 자연스럽게 자유와 사유재산을 존중하는 공동체로 발전하며, 국가의 역할은 단지 이 자연스러운 흐름을 존중하고 자연의 질서를 유지시키는 것뿐이라고 생각했다. 중농주의를 이어받은 이런 계몽주의 사상은 프랑스혁명에 큰 영향을 끼쳤다.

모든 나라가 교육에서 '애국'을 강조하지만, 애국의 의미는 나라마다 조금씩 다르다. 우리나라처럼 수천 년 동안 이어져 내려온 정신유산을 강조하는 나라도 있고, 미국처럼 나라를 세운 사람들의 공을 강조하는 나라도 있다. 프랑스의 애국은 무엇보다 국토 사랑이다. 그리고 국토를 사랑하는 가장 좋은 방법은 땅의 냄새를 담은 좋은 음식을 먹는 것이다. 와인을 마시고 밥을 먹는 것은 내 나라의 땅과 내 몸을 섞는 경건한 행위가 된다.

프랑스 시인 폴 클로델Paul Claudel은 이렇게 말했다.

와인은 세 가지 성찬식이다
내가 태어난 땅과 나를 하나로 만들어주는 성찬식
와인을 맛볼 때는 자기 스스로와 하나가 되는 성찬식
남과 이야기를 하면서 다른 사람과 하나가 되는 성찬식

사실 이 시는 한국어로 번역하기가 어렵다. 여기서 '성찬식'으로 번역한 단어는 '코미뇽communion'인데, 이 단어의 의미는 원래 '하나가 되다'이다. 예수의 몸과 피를 빵과 와인으로 받아들여 내 몸과 합치는 행위를 말한다. 와인을 맛보는 것은 내가 태어난 땅과 하나가 되는 종교 행위라는 것이다. 왜냐하면, 클로델의 말을 빌리면 "와인은 태양과 땅이 결혼하여 낳은 아이"기 때문이다.

드골 전 프랑스 대통령은 "264가지가 넘는 치즈가 있는 나라를 어떻게 다스리란 말인가?"라며 단합하기 힘든 국내 사정을 한탄한 적이 있다. 하지만 프랑스인은 프랑스가 이처럼 다양한 음식이 나오는 아름다운 땅이라는 뜻으로 이 말을 자주 인용한다.

프랑스인이 가장 사랑하는 역사가 중 한 명인 조르주 뒤비George Duby의 《프랑스 문명의 역사Histoire de France des origines à nos jours》를 보면, 인간의 이야기가 아닌 땅의 이야기로 시작한다. 프랑스의 지역을 하나하나 예로 들면서 그 지역의 산과 강과 계곡이 어떤 지질로 형성되었고, 그렇기 때문에 옛날부터 어떤 농사를 짓고 살아왔는지를 이야기한다. 이런 이야기가 생략된 역사는 인간의 이야기가 아니라 정치 엘리트의 권력 싸움이라는 껍데기뿐인 역사라고 생각하는 것 같다.

테루아와
〈미슐랭 가이드〉의 탄생

_____ 프랑스와 스페인 사이에는 피레네산맥이 두 나라를 나누는 성벽처럼 우뚝 서 있다. 이곳에는 옛날부터 산티아고 길을 걷는 순례자들이 험한 고갯길을 별 사고 없이 건너게 해달라고 빌던 조그마한 사당들이 곳곳에 세워져 있다. 오늘날에는 대부분 겨울에는 스키, 여름에는 자전거를 타러 온 관광객을 대상으로 숙박업을 해서 먹고사는 사람들이 산다. 이 산맥에 바니예 드 루숑Bagnères de Luchon이라는 조그마한 온천 마을이 있는데, 프랑스에서는 온천을 의료 서비스의 일부로 보기 때문에 온천에 가려면 의사의 처방이 필요하고, 그래서 온천욕 가격이 비싸다. 아주 부유한 계층 가운데 스트레스로 '신경과민' 처방을 받고 아예 온천에 '입원'해서 2~3주 동안 온천 요법을 받는 경우가 많다.

이 온천을 지나면 한라산 정상보다 높은 고도 2,115미터의 고갯길이 있다. 콜 뒤 투르말레Col du Tourmalet라고 하는 이 고갯길은 100년 전통을 자랑하는 프랑스 최고의 사이클 경기 '투르 드 프랑스Tour de France'의 전설적인 루트이자, 전 세계 자전거 여행가들이 죽기 전 한 번은 올라가고 싶어 하는 곳이다.

그곳에 나와 친형, 어머니, 이렇게 세 모자가 함께 여행을 떠난 적이 있다. 자전거를 좋아하는 형과 나는 자전거로, 어머니는 차를 몰고 따라오셨다. 어느덧 30대가 된 자식들과 어머니가 오붓하게 함께한 귀한 시간이었다. 우리 세 모자가 바이예 드 루숑 마을에 도착했을 때 이미 해는 저물고 있었다. 마을은 역시 시골답게 한적했다. 우리는 이 지역에 살고 있는 '바스크Basque'라는 독특한 부족이 만든 요리를 맛보고 싶었지만, 문을 연 곳이 피잣집밖에 없었다. 그래서 할 수 없이 그곳에 들어갔다. 이곳까지 와서 굳이 피자를 먹고 싶지 않아서 감자 튀김과 샐러드를 시켰는데, 특히 감자튀김을 산더미처럼 주기에 도저히 다 먹을 수가 없어서 남기려고 했다. 그러자 화가 난 듯한 식당 주인의 무뚝뚝한 목소리가 들려왔다.

"이 감자 튀김 남기는 거요?"

나는 "너무 많아서 남기는 건데 무슨 문제라도 있나요?"라고 되묻고 싶었지만 식당 주인의 기세기 너무 당당해 선뜻 입이 열리지 않았다. 식당 주인은 상기된 얼굴로 빠르게 혼잣말처럼 중얼거렸다.

"그 감자가 어떤 감자인데…. 내가 아침저녁으로 돌보며 농사 지어서 좋은 놈만 골라 오늘 아침에 캐온 건데, 튀김 기름도 농사 지은 올리브로 짠 거고. 그런 걸 날 더러 내다 버리란 말인가?"

음식 남긴 것을 야단치는 것인지 혼자 푸념을 늘어놓는 것인지 모를 말투였다. 어머니는 기분 좋게 돈을 쓰며 시간을 내서 여행을 왔는데, 음식점 사장님에게 혼이 나자 기분이 상하신 모양이었다. 그런데 잠시 후에 이렇게 말씀을 하셨다.

"맞아. 예전에 우리 할머니도 음식 남기면 벌 받는다고 호통을 치셨어. 그런데 언제부터 우리나라 사람들이 음식을 많이 남겨 음식 쓰레기가 그렇게 많아진 거지?"

그러고는 프랑스인에게 음식이 얼마나 중요한지 이해를 하셨는지 오히려 그 식당 주인에게 미안하다고 하셨다.

오늘날 프랑스 요리를 대표하는 셰프는 폴 보퀴즈Paul Bocuse (1926~2018)와 그 제자들이다. 이들은 프랑스 국토의 사거리라고 할 수 있는 리옹 출신의 요리사이다. 리옹 요리에서 가장 중요한 철학은 '테루아terroir'인데, 테루아는 프랑스어로 '땅, 토질, 대지, 지구'를 뜻하는 '테르terre'에서 나온 단어다. 이렇게 리옹 요리는 피지오크라시의 계보를 꾸준히 이어 나간다.

리옹파가 프랑스 요리를 대표하게 되면서 테루아는 프랑스 국민 철학의 일부가 되었다. 이로 인해 프랑스에서는 GMO(유전자 재조합 식품), 비닐하우스 재배, 방부제 첨가 등의 이유로 다국적 식품업체의 프랑스 진출을 막는 시위가 끊이지 않는다. 농민들이 아예 이런 제품을 파는 슈퍼마켓 앞에 트럭을 뒤집어 놓거나, 축사에서 나온 동물의 오물을 퍼붓는 테러를 하기도 한다. 이런 독특한 테러를 프랑스 사람들은 '테러리즘'과 '테루아'를 합쳐 '테루아리즘'이라고 부른다.

테루아가 중요한 민족에게는 당연히 맛집 기행이야말로 여행의 진수다. 새로운 장소와 교감을 가지는 가장 확실한 방법은 그 나라 땅 즉 그 동네 음식을 먹어보는 것이다.

세계 레스토랑을 대상으로 별점을 매기는 〈미슐랭 가이드〉에서 '미슐랭'이란 이름은 원래 프랑스의 자동차 타이어 회사라는 사실은 유명하다. 프랑스는 승용차라는 것 자체가 '여러 동네의 맛을 보기 위한 도구'로서 마케팅 되었기 때문이다.

1889년 프랑스 중부의 클레르몽 페랑Clermont-Ferrand에서 앙드레 André와 에두아르Édouard 미슐랭Michelin 형제는 미슐랭 타이어 회사를 세웠다. 하지만 1900년대 당시까지만 해도 프랑스 내의 자동차는 3,000대에 불과했고, 도로 여건이 열악해서 운전이 큰 모험으로 여겨져 타이어 판매가 부진했다. 미슐랭 형제는 타이어 판매 촉진을 위해 타이어를 교체하는 방법, 주유소의 위치, 여행지의 맛집, 숙박시설과 같은 정보를 담은 여행 책지를 만들어 운전자들에게 무료로 배포하기 시작했다. 미슐랭 형제의 고향인 클레르몽 페랑은 프랑스 요리의 자랑인 거위간(푸아그라)의 생산지다(프랑스에서 미식가 정치인으로 유명한 미테랑 대통령은 클레르몽 페랑 일대의 할머니가 만든 가정 요리를 고집했다는 일화가 있다). 그들에게 자동차의 용도란 타이어로 땅을 느끼고(촉감), 눈으로 경치를 들이마시고(시각), 코로 땅의 냄새를 맡고(촉각) 마침내 그 땅에서 나온 농산물을 먹는 것이었다.

미슐랭이 만든 가이드북의 인기는 나날이 높아져 이 책이 제공하는 정보에 의존하는 사람이 늘자 아예 미슐랭사는 별도의 직원을 고용해 각지에 있는 레스토랑의 요리와 청결 상태 등을 꼼꼼하게 조사한 결과로 별점을 매기고 이를 가이드북에 소개했다. 이 책에 등재된 레스토랑은 여행객에게 인기를 끌었고, 당연히 레스토랑 사장들은 가이드북에 자기 식당을 싣기 위해 경쟁하기 시작했다. 미슐랭 타이어사의 가이드북은 이렇게 오늘날 세계적으로 고급 레스토랑들이 앞다투어 게재되고 싶어 하는 미식가의 바이블로 자리 잡게 되었다.

자연이
밥을 준다

　　　　매년 프랑스의 국토 한 바퀴를 자전거로 순례하는 투르 드 프
랑스 경기를 보고 있자면, 아름답게 가꾼 프랑스의 농토가 눈에 띈다.
루이15세 때부터 피지오크라시의 영향으로 길 양쪽에 사이프러스 나
무가 즐비한 길을 닦고 농토를 가로세로로 반듯반듯하게 구획해온
결과다. 대부분의 나라에서는 농사 짓는 분들이 어렵게 살지만, 수백
년 동안 천천히 아름다운 땅으로 가꿔온 프랑스의 농민 중에는 파리
지앵보다 훨씬 부자인 사람이 많다. 특히 와인이나 푸아그라를 생산
하는 지역의 농가들은 어두운 회색 돌로 지어 외관도 훌륭하고, 집 앞
에는 파리에서는 상상도 할 수 없는 독일제 고급 SUV가 세워져 있는
경우가 흔하다.

　　하지만 프랑스에게 농본주의를 전해준 동아시아의 국가들, 특히

중국과 한국의 시골길을 가다 보면, 점점 상업과 공업에 한 발자국씩 농토가 먹혀서 사라지는 것을 실감한다. 특히 중국의 아름다운 농촌 한가운데 시커먼 연기를 펑펑 내뿜는 공장이 들어와 논과 밭이 탄가루로 뒤덮인 모습은 알맹이를 빼앗기고 껍데기를 차지한 어리석음의 결과를 보는 것 같아 안타까워지곤 한다.

프랑스는 자연이 밥을 주므로 자연이 주고 싶은 밥을 먹을 줄 안다는 것이 자연에 대한 도리라고 후손에게 가르친다. 또 자연에도 서로 상부상조하는 메커니즘이 있는데 사람이 자기 먹고 싶은 것을 얻으려고 이 메커니즘을 무너뜨리면 반드시 보복당한다고 교육한다. 자연을 파괴하고 광산과 철도를 짓는 미국인을 보며, 미국 원주민 항쟁의 리더였던 '앉아있는황소'는 이렇게 한탄했다고 전한다.

"백인은 마지막 나무가 죽어야 깨달을 것인가? 황금은 먹을 수 없다는 것을."

이런 미국 원주민의 사고는 프랑스인의 피지오크라시와 상통하는 부분이 많다. 그래서 오늘날 프랑스는 현대적 공장식 농경을 반대하는 운동의 중심지이며, 화학비료와 항생제 과다 사용, 단일 품종의 기계식 재배의 부작용에 대한 연구가 가장 많이 이루어지는 곳이기도 하다.

이처럼 대체 농경의 중심지인 프랑스에는 현재 '페르마페르메 Permaferme'라는 새로운 농경 개념이 유행하고 있다. 자연 상태의 식물은 혼자 살지 않고 서로에게 도움을 주며 자란다는 점에 착안하여 발전한 새로운 농경 철학으로, 식물 간에 최대한 상부상조하며 서로 살기 좋은 '커뮤니티'를 만들어 주자는 것이 핵심 사상이다.

가령 벌레가 많이 꾀는 토마토는 그 밑에 베이즐을 심으면 농약을 치지 않아도 벌레가 안 생긴다. 또 토마토는 햇빛에 약하기 때문에, 그 위에 강렬한 햇빛을 좋아하는 포도를 심어 그늘을 만든다. 이런 농법은 해가 갈수록 땅의 생산력이 강해진다는 장점이 있는데, 요즘 프랑스에는 이런 농법으로 재배한 건강한 식재료를 원하는 소비자에게 음식을 제공함으로써 억대 수입을 올리는 젊은이가 꽤 많다. 또 파리 음식점에서 아예 농장까지 직접 관리하거나, 파리 한복판에서 닭을 기르고 텃밭을 갈아서 재배한 식자재로 음식을 제공하는 음식점도 많다. '테루아 철학'을 존중하는 이런 음식점은 소비자로부터 큰 인기를 얻고 있다.

지금 세계는 곡물 생산에서 난제에 직면하고 있다. 인구가 기하급수적으로 늘면서 대규모 경작지에서 단일 품종을 재배하게 되었고, 이 때문에 병충해가 늘고 식물 간의 유기적인 상호작용이 끊기는 바람에 점점 독한 농약을 사용함으로써 인체에 해로운 식품 유통이 크게 증가하는 악순환이 계속되고 있는 것이다. 미국의 거대한 옥수수밭, 비행기로 씨를 뿌리는 끝이 보이지 않는 광활한 밀밭, 아마존의 밀림을 불태운 땅에 대규모로 경작하는 콩밭 등은 자연 훼손뿐만 아니라 땅을 급속하게 피폐하게 만들고 병충해도 급증하게 만든 것이다. 인류의 식량난을 해소하려면 어쩔 수 없다고들 말하지만, 프랑스처럼 식물의 상관관계를 고려해 경작하면 대규모 단일재배보다 동일 면적 당 생산량이 더 많아진다는 실험 결과도 있다.

대규모 경작지의 단일재배가 초래하는 부작용이 감내할 수 없이 커지기 전에 인류는 프랑스식 농사법과 요리법에 눈을 돌려야 할 것이다. 우리도 이쯤 해서 말 그대로 '먹여 살리는' 주체는 인간이 아니라 곡식을 품어주고, 동물에게 풀을 주는 '땅' 즉 '테루아'라는 프랑스인의 견해에 귀 기울일 필요가 있지 않을까 생각해본다.

따뜻함 '차가운 우정'의

FRIEND

서로 간에 불편하지 않을 정도의 거리감을 유지하는 관계가 더 아름다울 수 있다는 것, 상대편이 있을 때 좋은 모습을 보여야 하고 살가운 말을 해야 한다는 부담이 오히려 관계를 불편하게 만들 수 있다는 것, 이것이 프랑스 사람들이 가지고 있는 '차가운 우정'의 뿌리가 아닌가 싶다.

파리지앵의
'차가운 우정'

───── 이런 질문을 스스로에게 던져보자.

'내가 힘든 상황에 놓일 때 창피한 기분 없이 솔직히 도움을 청하면 군말 없이 들어줄 친구가 몇 명이나 될까?'

이 질문에 선뜻 단 한 명이라도 있다고 대답한다면 성공한 사람이라고 한다. 그렇다면 나는 그런 친구가 다섯 명쯤 되니 성공한 사람 같다(물론 그 친구들도 나를 그렇게 생각하는지는 잘 모르겠다).

내가 진짜 친구라고 할 수 있는 사람은 미국에서 학창 시절을 함께한 미국인 친구들과 프랑스에서 한량으로 살 때 만난 프랑스인 친구들이다. 외국에 거주하는 한국인이 가장 힘들어하는 것은 '정'을 나눌 친구가 없어서 너무 외롭다는 섬이다. 우리 한국인은 대체로 따뜻한 정이 없는 '냉정한 사람'을 어려워한다. 하지만 프랑스 친구들은 나에게 냉정한 사람도 훈훈한 정을 나눌 수 있음을 가르쳐 주었다.

내가 친구 하면 가장 먼저 떠오르는 사람은 프랑스인 변호사 줄베르다. 내가 막 병역을 마치고 무일푼이던 시절, 여자친구를 만나러 그녀가 사는 이탈리아의 산골 마을에 달려갔다가 바로 실연을 당하고 파리로 쫓겨온 적이 있다. 그때는 그냥 유럽을 떠나면 안 될 것 같아 파리의 조그마한 호텔을 예약해놓고 일단 일주일 정도 머물며 생각을 정리하기로 했다. 호텔에 체크인을 한 후 프랑스 친구들에게 차례로 전화를 걸어 위로를 받을 생각이었다. 가장 먼저 줄베르와 통화가 되었다. 그는 내 이야기를 잠깐 듣더니 곧바로 호텔 프론트 직원을 바꿔 달라고 했다. 호텔 직원은 전화를 건네 받고 줄베르와 통화를 하고는 나에게 말했다.

"친구분께서 고객님의 예약을 취소하셨습니다."

이것은 날더러 당장 자신의 집으로 오라는 말이었다. 나는 짐을 싸들고 줄베르의 집으로 갔다. 그는 파리에서 할아버지 집에 살고 있었는데, 벨을 누르자 할아버지께서 손수 문을 열어주셨다.

"2년 동안 군대에 있었다며? 고생했네."

할아버지는 이렇게 말씀하시더니 안으로 들어가자마자 그동안 아껴두신 2002년산 샴페인을 줄베르의 손에 쥐어주고는 산책을 해야겠다며 슬그머니 나가셨다. 그때까지 줄베르는 거실 구석에 놓인 소파에 앉은 채 나에게 눈길도 안 주고 신문만 들여다보더니 할아버지께서 밖으로 나가시자 구시렁댔다.

"짜식아, 니가 관광객이야?"

친구 집을 두고 호텔을 예약한 내가 서운하다는 말이었다.

다음날 아침, 우리는 공원에 가서 간단한 조깅을 하고 장을 보러 갔다. 장을 본 것은 내가 계산했고, 같이 요리를 해서 점심을 나누어 먹으며 화이트 와인을 따서 낮술을 마셨다. 막 제대를 한 내 통장에는 단돈 200만 원밖에 없어서 파리에서 월셋집을 구할 수조차 없던 인생 최악의 시절이었다. 그런 나를 귀환용사처럼 맞아준 것은 프랑스 친구들이었다. 나는 줄베르네 집에서 몇 주 묵다가, 음식점을 경영하는 다른 친구 집으로 옮겨 한동안 음식점 일을 도우며 실연의 상처를 달랬다.

프랑스 친구들은 항상 이런 식이었다. 3년 동안 못 본 친구가 오랜만에 나타났다고 해서 깜짝파티를 열어준다거나, 뜨거운 포옹이라도 나누면서 고생했다고 등을 두들겨 주지도 않는다. 줄베르의 할아버지 역시 더운 날 집에 찾아온 나그네에게 찬물 한잔 넘겨주듯이 와인을 무심히 꺼내 손자에게 툭 건네주고는 산책을 한다며 슬그머니 나가시더니, 아예 그길로 시골로 내려가서 내가 그 집을 떠날 때까지 돌아오시지 않았다. 그 누구도 내게 따로 밥을 산다거나, 마주 앉아서 커피 한잔이라도 하자고 말하지도 않았다. 나는 적어도 3년에 한 번 정도는 파리를 방문해서 친구들을 만나는데, 그때마다 그들은 한결같이 차가웠다. 인사치레라도 왜 연락이 없었느냐, 그동안 어떻게 지냈느냐는 말 한마디 하지 않는다. 그저 항상 같이 있었고 한 번도 떠난 적이 없던 것처럼 그냥 헤어지기 바로 전날로 돌아간다. 한 번도 자리를 비우지 않은 것처럼 내 빈 자리가 금세 채워지는 것이다. 나는 프랑스 친구들의 이런 우정 표현을 '차가운 우정'이라고 내 나름대로 이름 붙였다.

줄베르의 아랫집에는 시프리앙이라는 프랑스 남서부 지방 출신의 친구가 운영하는 음식점이 있다. 긴 금발머리여서 더욱 갈리아 전사처럼 생긴 이 친구는, 주중에 고향 농부들에게 사온 식재료로 자기 고향인 시골 스타일 그대로 요리했다. 그러자 주변에 사는 파리지앵들이 일요일 브런치를 먹으러 오면 아예 와인을 마시며 저녁식사 때까지 떠들며 노는 장소로 유명해졌다. 이 음식점은 줄베르가 살고 있는 건물 바로 아래층에 있어서 자주 우리가 가서 점심을 먹는 곳이었고, 시프리앙은 친구 못 사귀고 외로운 파리지앵들의 안식처를 마련해주는 천사 같은 사람이다. 내가 프랑스에 갈 때마다 그는 "오랜만이야"라고 말하지 않는다. 그저 이렇게 말할 뿐이었다.

"원래 앉던 테이블?"

내가 가볍게 고개를 끄덕이면 그는 내가 전에 앉은 자리를 신기할 정도로 기억해 내고는 그곳으로 안내한다. 어떨 때는 차가운 우정에 온기가 없어 더 감동적이다.

그런데 누구나 프랑스인의 '차가운 우정'을 경험하는 것은 아니다. 프랑스뿐 아니라 서구권 국가에서 유학을 하거나 살아보면 대부분의 외국인은 차가운 우정이 아닌 그냥 냉정함을 경험하기 쉽다. 프랑스에서 유학한 지인의 아들도 프랑스인의 '냉정한 까칠함' 때문에 우수한 성적임에도 중간에 포기하고 귀국하고 싶어 한 적도 있다. 나는 그 이야기를 듣고, 한국인이 친구에게서 기대하는 공감, 따뜻한 위로의 한마디, 응원 따위를 프랑스 친구에게서는 기대하기 어렵기 때문일 것이라는 생각이 들었다. 물론 프랑스인이 모두 이런 성향은 아니고, 프랑스 남부 지역 사람들은 예외다.

파리지앵들은 대개 주말마다 친구 집을 돌면서 열리는 와인이나 칵테일 파티에서 새로운 친구를 사귄다. 이들은 파티에 참가한 낯선 사람에게도 당당하게 다가와 먼저 자기 이름을 말하며 인사를 나누고, 만나자마자 상대의 옷 스타일이나 읽고 있는 책, 심지어는 국적이나 종교에 대해서도 시니컬한 비판부터 한다. 이것을 겁내지 않고 농담으로 받아넘기거나, 적당히 맞받아 치면서 논쟁을 하다 보면 서로의 인생 철학이나 미적 감각에 대한 파악이 쉽게 끝난다. 신나게 한두 시간 정도 말싸움을 하면서 와인을 몇 잔 나누다 보면 주변에 다른 사람이 하나 둘 끼어들어 자기 의견을 들이밀면서 토론이 3파전이나 4파전으로 번지기도 한다. 그런 식으로 신나는 '지적 레슬링'을 즐긴 친구들은 꼭 '다음에 만나 얘기 계속하자'면서 전화번호나 연락처를 주고받고, 점심 식사나 저녁 식사를 하면서 더 많이 싸우며 우정을 쌓는다.

사실 파리지앵들은 칭찬에 인색하고 항상 타인을 비난하는 것처럼 보이기도 한다. 이것은 한국인뿐만 아니라 프랑스의 다른 지역 사람도 불편해하는 파리지앵 특유의 친구 사귀기 방법이다. 파리는 자기 주장과 개성이 강하고, 자기 신념에 대한 공격을 웃으면서 받아들이며 객관화할 수 있는 사람에게는 오히려 친구 사귀기 좋은 사교의 꽃밭이지만, 조용한 성격이거나, 언쟁이 불편하고 예의 바른 대화나 살가운 이야기를 좋아하는 사람에게는 친구를 사귀기 힘든 도시가 된다.

'정확한 계산이
좋은 친구를 만든다'

_____ 프랑스인의 이러한 '차가운 우정' 때문에 한국인 중에는 파리 사람이 매정하다고 단정지어 버리는 사람이 많다. 한국인에게 정이란 인간관계를 끈끈하게 묶는 끈 같은 것으로 가족을 대하듯 타인을 포용하는 온화함, 말 없는 배려가 바탕에 깔려 있다. 그런 한국인으로서는 같은 테이블에 앉아서도 서로 자기가 말을 먼저 하려고 동시에 말을 쏟아내거나, 남의 말을 싹둑 잘라버리고 자기 주장만 펴는 파리지앵의 언행을 경험하면 격분하게 될 것이다. 하지만 이 쌀쌀맞고 전투적인 태도도 좀 더 객관적으로 바라보려고 하면 인간을 대하는 또 다른 방식을 발견하게 될 것이다.

대부분의 한국인에게 따뜻한 징 즉 온정이 오가지 않는 인생은 지루하기 짝이 없다. 외국계 회사에서 근무하던 한 지인은 내게 이런 일화를 들려주었다. 어느 날 외국 본사의 사장님이 한국지사를 방문했다. 직원들은 외국인 사장님과 잠시라도 좋은 시간을 나누려고 유명 관광지 위주로 한국에서의 일정을 짰다고 한다. 그런데 사장 비서실에서 온 이메일에는 공항에서 서울의 지사까지 오가는 데 소요되는 3시간을 포함해 정확하게 6시간만 머물고 싱가포르로 넘어간다는 내용이 적혀 있었다. 한국지사에서 보고를 받는 3시간만 머물겠다는 것이다. 모처럼만의 사장님 방문에 대비해 열심히 준비한 한국지사 직원들은 살짝 허탈해졌다.

그런데 그뿐만이 아니었다. 보고 시간은 오전 11시부터였는데, 보고 중간에 사장님이 잠깐 화장실에 다녀온다며 회의실을 나가더니 들어올 때 손에 샌드위치 하나를 달랑 들고 왔다. 그리고 보고를 받으면서 혼자 샌드위치를 뜯어먹더니 황당한 표정을 짓고 있는 한국지사 직원들을 둘러보며 아무렇지도 않은 표정으로 이렇게 말했다고 한다.

"여러분은 식사 안 해요?"

나에게 그 이야기를 들려주던 지인은 이 대목에서 한숨을 푹 쉬면서 말했다.

"그래서 한국 기업이 좋죠."

서구 문화를 처음 겪는 한국인에게 이런 '매정'한 행동은 대부분 실망과 비난의 대상이 된다. 2003년쯤에 〈월스트리트저널〉에서 이런 기사를 읽은 적이 있다. 한참 미국에서 중국인 인재를 많이 뽑아 쓰던 시절이었는데, 중국인 직원은 첫 출근 날 미국인 동료와 저녁식사를 하거나 맥주라도 한잔 하기를 원하지만, 미국인은 운동이나 취미생활 스케줄이 있다고 다 집에 가버린다며, 미국인 경영진에게 아시아인 직원과 점심식사라도 함께할 것을 권하는 내용이었다.

하지만 따뜻한 정과 조용한 배려의 단점도 많다. 무엇보다 베푸는 사람들에게 엄청난 스트레스가 될 수 있다. 예를 들어 친구 집에 불쑥 찾아가서 한잔 마시거나 하룻밤 자고 가는 것을 들 수 있다. 이런 모습은 과거에 우리 한국에서도 낯설지 않은 풍경이었다. 내가 어릴 때만 해도 아버지 친구들이 불쑥 집에 찾아와 주무시고 가는 경우가 많았다. 하지만 지금 한국에서는 친구를 집으로 불러 재우기는커녕 집에서 같이 한잔 하는 경우도 드물다.

그 이유는 아마 우리 문화에서 '손님 대접'이 주는 부담감 때문인 듯싶다. 우리는 옛부터 손님이 오면 싸리 빗자루를 들고 마당부터 쓸던 전통이 남아 있어서, 친한 친구는 물론 친척이 방문해도 손님 접대를 위해 집을 정리하고 꾸미는 한편 진수성찬도 준비해야 한다고 생각한다. 그리고 우리 집에 머무는 손님의 배가 고픈지, 불편한 데는 없는지 계속 살펴야 한다고 생각한다. 바쁜 현대사회에서 그런 정신적·경제적 부담을 감수하느니 오히려 중립지인 음식점이나 카페에서 얼굴이나 보는 편이 편할 수 있다.

그렇지만 나는 프랑스에 가면 아내와 아기가 있는 친구 집에도 불쑥 찾아가서 묵기도 한다. 그럴 때면 프랑스 친구들은 나를 특별 대접하려 하지 않는다. 잘 해먹이려고 일부러 장을 봐온다며 부산을 떨거나 좋은 식기를 챙기고, 깊숙이 아껴둔 침구를 꺼내는 등의 법석을 떨지도 않는다. 그냥 침대 하나 있는 안 쓰는 방을 내주거나, 거실 소파에서 자라면서 침대 시트와 담요, 그리고 타월을 준다. 심지어는 현관 열쇠까지 건네주고는 마음대로 하라면서 자기는 방으로 들어가 버리는 경우도 많다. 하루 종일 따라 다니면서 같이 놀아 준다거나 할 생각은 전혀 하지 않는다.

손님도 배 고프면 냉장고 열고, "이거 먹어도 돼?"라고만 묻고 "오케이" 하면 그냥 꺼내 먹으면 된다. 기분이 내키면 친구 가족들에게 장을 봐서 맛있는 음식을 만들어 주기도 한다. 만약 친구 집에서 자다가 새벽 5시에 나와야 한다면 자기 잠자리를 깨끗이 정리해놓고 감사 쪽지 한장 남기고 조용히 나오면 된다. 굳이 깨워서 작별 인사를 할 필요도 없고, 친구도 일부러 일어나 배웅할 생각도 하지 않는다. 서로 방해되지 않는 거리감이 친구 관계를 오래 유지하는 길이라고 믿는 것 같았다.

실제로 프랑스 속담에 '정확한 계산이 좋은 친구를 만든다Bon compte fait bon ami'라는 말이 있다. 서로 간에 불편하지 않을 정도의 거리감을 유지하는 관계가 더 아름다울 수 있다는 것, 상대편이 있을 때 좋은 모습을 보여야 하고 살가운 말을 해야 한다는 부담이 오히려 관계를 불편하게 만들 수 있다는 것, 이것이 프랑스 사람들이 가지고 있는 '차가운 우정'의 뿌리가 아닌가 싶다.

두 '친구' -
아미와 코펭

_____ 프랑스인은 구분 짓기를 좋아한다. 프랑스인의 거실에는 대체로 영수증과 서류를 날짜와 색깔별로 정돈한 서류철이 가지런하게 놓여 있는데, 인간관계도 그처럼 정돈하고 구분 짓는 것을 중요시하는 것 같다. 친구라는 단어만 보아도 그렇다. 우리가 친구라고 하는 두리뭉실한 관계를 프랑스 사람들은 아주 섬세하게 나눈다.

우리는 사실 친하다는 기준이 애매모호할 때가 많다. 일을 통해서 만난 대학 후배가 술 한잔 하자고 한 후에 "우리, 형 동생 하고 말 놓자"라면서 속 깊은 이야기를 나누었다면 그 사람과 내가 '친하다'라고 단정할 수 있을까? 사실 한국인은 이런 관계를 일부러 혼란스럽게 하는 경우가 많다. 회식이 대표적인 예다. 사무실에서 만난 차가운 관계의 사람들이 술을 마시고 노래를 부르며 '형, 동생' 같은 가족적 표현을 쓰면 진짜 친한 친구인지 사무적인 관계인지 모를 애매한 관계로 발전되고, 이것을 사회생활의 당연한 일부, 조직생활의 필수로 보는 사람이 많은 것 같다.

그런데 프랑스 사람들에게 "저 사람이랑 친해?"라고 하면 "C'est un ami(진짜 친구야)"라고 말할 수도 있고 "C'est un copain(같이 편하게 놀 수 있는 친구야)"라고 대답할 수 있다. 우리나라 말로 번역하면 둘 다 '친구'가 되겠지만, 프랑스인은 자기와 마음이 통하는 이너서클과, 같이 편하게 놀지만 가족 같지는 않은 사람을 다른 범주에 넣는다. "저 사람이 '아미ami'야?"라고 물어보면 "아냐, '코펭copain'이야"라고 대답하기도 한다.

'아미ami'라는 단어는 '사랑받는 자'라는 뜻인 '에메aimé'에서 파생되었다. 남자끼리의 애정 표현이 어색해진 19세기 이전에는 자기 친구에게 'mon bien aimé(내가 친애하는 ~야)'라고 편지를 쓰기도 했다. 사랑이라는 단어는 매우 강력하다. 나도 '아미'라고 생각하는 사람에게는 "야, 나 요즘 돈 없으니깐 너가 밥 좀 사"라는 말도 서슴없이 할 수 있으며, 월세를 못 내서 쫓겨났을 때 가방을 들고 갑자기 찾아와 재워 달라거나, 여자친구에게 차였다며 사전 연락 없이 새벽 2시에 문을 두드리고 들어와 갑자기 한잔 하러 나가자고 해도 귀찮지 않은 관계를 말한다. 이런 관계에서는 상대편이 정말 필요하니까 나를 찾아왔을 것이라는 신뢰가 있고, 저 사람도 나를 진정한 친구로 생각하기 때문에 내 사정을 고려하며 행동할 것이라는 믿음이 굳건한 관계다.

친구 사이에 가장 나쁜 행동은 'abuser l'amitié'라고 하는데, abuse는 영어로는 주로 '학대하다'라는 뜻이지만, 프랑스어로는 'use(쓰다)'에서 파생된 말로, '잘못 사용하다', '남용하다'라는 뜻이다. 즉 '우정을 남용하다'라는 의미로서 친구의 신뢰를 악용해서 부당 이득을 취하거나 친구의 시간과 정신적 평화를 크게 침해하는 행동을 말한다. 그러나 절대로 그렇게 할 리 없다는 신뢰로 이루어진 '아미'는 프랑스인도 평생 한두 명밖에 만들 수 없는 귀한 존재라고 생각한다.

이솝 우화를 프랑스어 시로 옮겨 유명한 시인 라퐁텐La Fontaine은 이런 시를 썼다.

모든 사람은 서로 친구라고 하지만, 그것을 믿는 자는 바보다.
친구라는 이름만큼 흔한 것은 없다.
하지만 친구보다 귀한 것은 없다.

대체로 인간관계에 대해서 시니컬한 것으로 유명한 프랑스의 명언 제조기 라로슈푸코La Rochefoucauld도 이런 말을 남겼다.

"친구라는 것은 가질 수 있는 것 중 가장 소중하지만, 사람들이 가지기 위해 가장 적은 노력을 하는 것이다."

프랑스인은 친구라는 이름을 상당히 아껴 쓰며, 진짜로 친해지기까지 오랜 시간이 걸린다. 만나서 술 한잔을 하면 호칭이 형 동생으로 바뀌며 금세 친해지는 우리나라 사람은 어떤 우정이 진짜 우정이고, 어떤 우정이 '아는 사람일 뿐'인지 구분하기 어렵지만, 프랑스인은 연인관계는 드라마틱하게 빨리 발전해도 진정한 우정은 천천히 익어가듯 발전시킨다. 저온 숙성하는 치즈 같다고나 할까? 프랑스인은 연애를 좋아하는 민족으로 유명하다. 하지만 남녀관계 속에서 찾기 어려운 영구적인 연민은 친구 즉 아미와 나누려고 한다.

프랑스의 소설가 발자크는 이런 말을 했다.

"친구관계를 튼튼하게 만들고 매력적으로 만들 수 있는 것은 이성 간의 사랑에서는 절대로 찾을 수 없는 감정의 '확신'이 있기 때문이다."

한편, 진정한 친구가 되기 전 단계이거나, 진정한 친구가 될 정도로 깊은 공감대가 아직 없는 친구는 '코팽copain'이라고 한다. 코팽은 아미보다는 조금 더 사회적 규율에 맞추어 대한다. 음식점에 가면 더치페이를 하고, 같이 놀러 갈 때는 팀을 어떻게 짤지 고민하며, 장소도 두 사람의 집 사이 딱 중간에 위치한 공정한 곳에서 만난다.

인간관계 구분이 명확한
'솔리대리테' 사회

———— 아미와 코펭은 우리말로 '친구'라고 번역할 수 있지만, 이보다 조금 더 먼 거리에 있는 친구 관계도 있다.

대부분 한국인은 사회에서의 인간관계를 상하로 나누는 데 비해 프랑스인은 원근으로 나눈다. 한국인은 윗사람에게 존댓말을 쓰고 아랫사람에게 반말을 쓴다면, 프랑스인은 가족과 친구에게는 상하 관계 없이 반말을 쓰고 사회적인 관계에서는 모두 존댓말을 쓴다. 중학교 선생님이 모든 학생 이름 앞에 깍듯이 '므슈'나 '마드모아젤'을 붙이는 전통은 점점 사회가 캐주얼 해지면서 많이 사라졌지만, 프랑스인이 다른 사람을 어떻게 대하는지 잘 보여주는 사례다.

우리나라 사람들이 첫 만남에서 어색함을 벗으면 생년월일부터 물어보는 것은, 그 사람이 손위나 손아래냐에 따라 언어, 태도, 매너를 결정하기 위해서이고, 그렇게 하는 것이 한국 사회생활의 기본 태도로 보기 때문이다. 반면에 프랑스인은 원근으로 사람을 구분하고 상대편이 원하는 거리 이상으로 다가가지 않는 것을 가장 중요한 예의로 본다. 이것은 프랑스 사람들이 좋아하는 '고슴도치' 비유법으로 아이들에게 전수된다. 고슴도치가 멀리 같이 가려면 서로 찔리지 않을 정도의 간격, 서로 잊히지 않을 정도의 거리를 지키면서 함께 가야 한다는 것이다.

한국인은 "인간관계 때문에 스트레스 많이 받는다"라는 말을 참 많이 한다. 나는 그 원인이 한국인이 입에 달고 사는 '인맥' 개념 때문이라고 생각한다. 직장이나 직업으로 인해 만난 친분관계를 사적 친분과 구분하지 않고 다 같이 친구로 여기면 스트레스가 클 수밖에 없다.

친척관계가 사업관계로, 친구관계가 이해관계로 바뀔 수 있는 상황에서 마음을 터놓을 친구를 찾기란 쉽지 않다. 특히 우리나라에서 사회적 성공의 중요한 요소로 꼽는 '인맥'이라는 단어는 광산에서 일하는 사람들이 말하는 '탄맥', '광맥'처럼 사람 관계를 돈으로 환산하는 것같이 들리기도 한다. 인맥이 얼마나 막강한가에 따라서 사회적 성공 여부가 결정되는 것처럼 인식되면서 우리나라 사람들이 점점 진정한 친구와 서로의 치부를 드러내면서 뒹굴거릴 수 있는 인간 최고의 즐거움을 놓치고 있지 않나 하는 생각이 든다. 어디까지가 나 자체가 좋아서 이루어진 관계이고, 어디까지가 이익을 위해 만나는 관계인지 인맥과 친구를 도저히 구분할 수 없는 것이 사회생활을 부담 스럽게 만든다.

물론 프랑스에도 정관계나 재계의 엘리트 계층은 이런 인맥 스트 레스를 달고 산다. 예를 들어 아는 사람에게 좋은 직장을 추천하는 것을 프랑스 사람들은 '피스통'이라고 한다. 자동차 엔진 속의 피스톤처럼 압력으로 끼워 넣었다는 것이다. 우리말로 하자면 '낙하산'에 해당될 것이다. 또 우리나라에 '재벌'이라는 단어가 있다면, 프랑스에서는 한때 '상 파미Cent familles'라는 단어가 있었다. 이는 '100대 집안'이라는 뜻으로, 프랑스 상위 100대 집안은 정략결혼, 기업의 인수합병, 정치 후원금으로 얽히고설킨 복잡한 네트워크가 있다는 이야기다. 프랑스인은 그 정도의 권력과 경제력을 누리려면 인간관계에서 오는 소소한 행복을 포기하는 것은 당연하다고 믿는다.

하지만 대부분의 프랑스 사람들은 그 정도의 이해관계가 없다면 재벌과 똑같은 '인맥 스트레스'를 감수하는 것은 말도 안 된다고 생각한다. 대부분의 일반 프랑스인은 비즈니스 파트너와 골프를 쳐야 할 때도 업무 시간인 낮에 치고, 사업관계의 인맥과 밥을 먹어도 점심시간에 먹는다. 따라서 직장 상사가 부하 직원에게 퇴근 이후에 회식을 제안하는 일도 극히 드물다. 회식은 회사의 주주나 임원끼리 따로 모여서 하는 경우가 많다. 인간관계의 범주가 분명한 것이다.

이처럼 프랑스인은 직장이나 비즈니스 업무 외의 시간은 가족이나 진짜 친구와 함께하는 시간이므로 이를 방해하면 안 된다는 것을 누구나 알고 있다. 많은 한국인이 프랑스에서 어려움을 겪는 이유는 직장에서 만난 사람과 친구가 되고 정을 나눌 수 있는 한국 문화의 기대치를 가지고 있기 때문이다. 프랑스에서는 같은 건물에 사는 안면 없는 사람과 동네 카페에서 이야기를 시작해 친구가 되는 것이 직장 동료와 친구가 되기보다 훨씬 쉽다. 이해관계가 걸려 있는 사람끼리는 아무리 친해도 결국 끝에서는 불편한 관계가 될 수밖에 없기 때문이다.

내 프랑스 친구는, 결혼을 잘해 부자들의 네트워크로 진입한 친구를 이제는 별로 만나지 않는다며 이렇게 말했다.

"입만 열면 돈, 돈, 돈…. 내가 어떤 장관을 알고, 어떤 연예인이랑 술을 먹었고…. 아휴, 그 인간도 참 불쌍해. 이제 서로 할 말이 없어."

사회생활에 도움 되는 인맥을 만들기 위해 가족과 함께해야 할 시간에 내키지 않는 술자리에 나가고, 같은 취미나 관심사를 가진 마음 통하는 친구보다는 사업에 도움이 될 만한 사람에게 잘보이기 위해서 엄청난 노력을 하는 사람이 많아지면 진짜 마음에 맞는 친구와 가족이랑 시간을 보내지 못한다. 그래서 프랑스인의 인간관계는 한국인에 비해 폭이 많이 좁아 보인다. 그러나 인간관계 때문에 스트레스 받을 일은 훨씬 적은 것 같다. 나는 한국인이 프랑스인의 친구 개념을 소금은 받아들이면 좋겠다는 생각을 해본다.

어떤 나라든 이상적인 공동체의 모습이 있다. 한국인이 바라는 이상적인 공동체의 모습은 가정이나 가족처럼 '정'이 넘치는 사회다. 〈삼시세끼〉나 〈한끼 줍쇼〉 같은 프로그램이 인기가 있는 이유도 이 때문이다. 이에 비해 프랑스에서는 '솔리대리테solidarité(유대, 결속, 상관성)'가 넘치는 사회를 지향한다. 즉 모든 사람이 진정한 친구(아미)가 되어 프랑스 중세의 한 마을처럼 긴 테이블 위에 막 추수한 풍성한 음식과 와인을 차려놓고, 주위에 죽 둘러 앉은 사람들과 철학, 미술, 인생에 대해 상대편이 내 편인지 적인지 신경 쓰지 않고 열띤 토론을 벌일 수 있는 사회다. 이것이 프랑스인이 머릿속에 가지고 있는 '공생convivialité'의 개념이다. 내가 생각하기에 이 개념은 경제적이거나 이념적이라기보다 감성적이고 직관적이기 때문에 훨씬 사람의 마음을 편하게 만드는 것 같다.

가족, 혼돈과 질서 사이

FAMILY

전통적인 가족 속에서 행복을 느끼는 사람과, 그것을 거부하고 자기를 중심에 두는 가족관을 중요시하는 사람이 카페에서, 대학에서 끊임없이 싸우고 논쟁하는 것. 그 혼돈과 다양성 자체가 혁명 국가인 프랑스의 진정한 모습일 것이다.

'같이 산다'의
의미

———— 나는 프랑스 유학 중 학교 친구의 가족과도 친해진 경우가 종
종 있었다. 우리나라의 설날이나 추석처럼 프랑스에서도 명절이 되
면 파리 시내가 텅텅 비고 길거리는 한산해진다. 고맙게도 그럴 때마
다 프랑스 친구들은 자기네 부모님이나 누나, 형 등의 집에 가서 함께
명절을 보내자며 초대하곤 했다. 그 덕분에 나는 외국에 살면서도 명
절을 외롭지 않게 보낼 수 있었고 또 프랑스의 가족 문화에 대해서도
많은 것을 알게 되었다.

가장 기억에 남는 일은 로빈의 누나 집 방문이다. 그녀는 파리에서
기차를 타고 20분 정도 거리에 있는 생-제르맹-앙-레Saint-Germain-
en-Laye라는 동네에 살았다. 이곳은 정원이 있는 미국식 개인주택
을 선호하는 프랑스인이 많이 사는 곳이다. 당시 로빈의 누나에게는

14살 아들과 9살 딸이 있었는데, 아이들 아빠는 신문에 사진을 파는 사진작가여서 집 안에는 멋진 흑백 사진이 많이 걸려 있었다. 그 동네는 아이를 자연 속에서 키우려고 파리에서 이사 나온 극성 부모가 많이 살았으므로 누군가 아이들의 정서에 조금이라도 방해가 되는 행동을 하면 따가운 눈총을 주는 매우 보수적인 분위기로 유명하다. 그래서 나는 로빈 누나네 집에 놀러 갈 때면 휴일에도 항상 정장을 입고 와인 병을 챙겨 들고 갔다. 그 집에서는 엄마가 피아노 반주를 하면 아이들이 19세기 가곡을 불렀고, 식사 전에는 항상 라틴어로 기도문을 읊었다.

어느 날 로빈 누나 부부가 마침내 결혼식을 올린다는 소식이 날아왔다. 워낙 보수적인 가족 분위기였기 때문에, 둘이 결혼한 사이가 아니라 그동안 동거를 하고 있었다는 사실에 놀랐다. 그런데 청첩장을 보니 결혼식 사회자는 로빈 누나의 14살 난 아들이었다. 14살 아들이 부모 결혼식의 사회를 본다? 한국에서는 상상하기 힘든 일이다. 하지만 다른 프랑스 친구들은 모두 대수롭지 않게 생각하는 듯했다. 그저 자연스럽게 "축하해요"라고 말할 뿐이었다. 9살 난 로빈 누나의 딸이 천사 옷을 입고 부모의 결혼반지를 들고 등장하자 "귀여워"라는 말과 함께 박수가 터져 나왔다.

요즘 우리나라에서 낮은 출산율이 심각한 사회문제가 되고 있다. 그런데 출산율 저하의 원인을 '청년이 결혼을 안 하기 때문'으로 귀결

지으려 한다. 출산과 결혼이 필연적 연관성을 가지고 있다고 믿는 것이다. 프랑스는 다르다. 남녀가 '같이 산다', '아이를 낳아 기른다' 그리고 '결혼한다'는 각각 다른 선택이다. 결혼은 했지만 한집 살림을 하지 않는 경우도 많고, 결혼하지 않고 떨어져 살면서 아이만 낳는 경우도 있는가 하면, 한집에서 같이 살지만 결혼도 하지 않고 아이도 낳지 않는 경우도 있는 등 다양하다.

내 프랑스 친구 오드는 프랑스 국영방송국의 라디오 프로듀서다. 시골에서 파리로 상경해 파리 북부의 좁은 방을 얻어서 혼자서 기거한다. 그녀는 라디오 방송국에서 만난 부유한 남자와 오래 사귀었는데, 서로 사랑의 열정이 식었다는 이유로 헤어진 후 연극인 인터뷰를 하다 만난 무일푼의 무명배우와 새로운 사랑에 빠졌다. 두 사람은 석 달 정도 같이 살다가 남자가 프랑스 남부에 있는 조그마한 극단에 스카우트 되자 TGV를 타고 주말에 파리로 올라와 토요일과 일요일만 그녀의 집에서 같이 지내는 주말 커플이 되었다. 오히려 적당한 거리감을 두고 산 것이 도움이 되었는지, 내가 군입대 하기 약 1년 전부터 사귀던 두 사람은 내가 군 제대 후 파리로 돌아와 연락하자 유모차를 끌고 나타났다. 남자는 여전히 이곳저곳 지방 소극단에 자리가 날 때마다 옮겨 다니며 살고 있었다. 두 사람은 결혼할 계획도 없고, 한 번도 그런 생각을 한 적도 없다고 했다. 오드가 해외 취재를 나가야 할 때만 남자가 아이를 데리고 시골에 내려가 포도 농사를 짓는 동네 할머니 할아버지와 놀게 한다고 했다. 오드는 그것이 할머니 할아버지의 외로움도 덜고 아이도 자연에 대한 교감과 와인 빚는 방법 등 파리에서 배우지 못하는 것을 배우는 좋은 기회라며 오히려 자랑스러워했다. 그리고 파리와 시골이라는 두 가지 어린 시절을 동시에 가지게 될 우리 아이는 참 행복할 것이라면서 곧 둘째를 가질 생각이라고 말했다.

음식점을 운영하는 줄리앙은 나와 동갑 친구다. 그는 내가 파리에 있을 때 델핀느라는, 아이를 둘 키우지만 결혼한 적이 없는 여성과 동거하다 헤어졌다. 헤어진 후에도 델핀느가 직장 일로 바쁘면, 자기 아이들은 아니지만 그 아이들을 데리고 놀이공원에 가거나 축구를 하며 놀아주었다. 몇 년 전에 줄리앙은 여름 휴가를 갔다가 낯선 여자와 로맨스를 나누고 바캉스 베이비가 생겼다. 하지만 두 사람은 여름휴가 때 잠깐 불탔던 감정의 결과일 뿐 사랑의 감정은 전혀 없다며, 결혼은커녕 교제도 하지 않았다. 지금은 두 사람 모두 다른 사람과 살고 있지만, 둘 사이에서 태어난 아이는 매일 학교가 끝나면 자기 기분에 따라 엄마나 아빠 집을 골라 하교한다. 그리고 아빠의 여자친구나 엄마의 남자친구와도 서로 이름을 부르며 친구처럼 논다.

나는 줄리앙에게 한국인 같으면 남자와 여자가 서로 사랑하지 않더라도 자식이 안정된 가정에서 자라도록 서로 사랑하려는 노력이라도 해볼 것이라고 말했다. 그러자 그는 나를 이상하게 쳐다보면서 말했다.

"하지만 아이는 가족이 있잖아. 아빠도 있고 엄마도 있고."

생각해보면 아이 처지에서는 아빠와 엄마가 있고, 보고 싶을 때 볼 수 있는 것은 사실이었다. 이것은 줄리앙과 아이의 관계, 아이의 엄마와 아이의 관계, 그리고 줄리앙과 아이 엄마의 관계는 별개라는 이야기다. 프랑스인의 가족관은 이처럼 우리나라의 그것과 많이 다르다.

우리나라에서 결혼은 두 사람의 일이 아니다. 가족 모두가 관여한다. 사실 부자관계는 나와 아버지 사이의 관계다. 그리고 나와 결혼하는 사람은 나의 아버지와 관계를 만들고 싶은 것이 아니라 나와 관계를 만들고 싶었을 것이다. 하지만 내가 결혼을 하는 순간, 나를 선택한 사람은 나의 아버지, 어머니도 같이 선택한 것이 된다. 갑자기 '시어머니', '시아버지', '사돈', '도련님', '시누이' 같은, 내가 선택하지 않고 친해지는 기간을 전혀 가지지 않았던 수많은 사람과 '가족'이 되어야 한다.

하지만 프랑스 사람들은 예를 들어 며느리를 남에게 소개할 때 '내 며느리'라는 식으로 '나의' 즉 소유격을 사용하지 않는다. 그냥 '내 아들의 아내 또는 연인'이라는 표현을 쓴다. 이 표현은 그 사람이 '내' 사람이 아니라 '내 아들의' 사람이라는 것을 명확하게 한다.

나는 가끔 프랑스인 시어머니가 며느리를 소개할 때 "우리도 친구예요"라고 말하는 것을 보았다. 프랑스의 엄마들은 자신과 며느리의 우정은 아들을 통해 만들어진 관계가 아니라 두 사람의 선택으로 이루어진 별도의 관계라고 생각하는 것이다. 실제로 나는 아들이 이혼했는데도 아들 빼고 며느리와 친하게 지내는 엄마들을 자주 보았다. '내 아들-그녀'의 관계와, '나-그녀'의 관계는 별개이고 서로 관계 없다고 보기 때문일 것이다.

나는 프랑스에서 기혼자인 친구 집에 놀러 갔을 때, 장인 장모가 잠깐 집에 들르자 친구가 간단한 인사만 나눈 후 아내가 친정 부모님과 편하게 대화하도록 자리를 피해주는 경우를 자주 보았다. 한국인인 나로서는 낯선 모습이어서 친구에게 그 이유를 물어보았다. 그러자 친구가 이렇게 답했다.

"부모님이 딸과 이야기하고 싶은데, 낯선 남자인 내가 대화에까지 끼어들면 얼마나 불편하겠어."

실제로 기혼 친구 중에 처제와 딱히 친하지 않다는 이유로 처제의 결혼식에 가지 않는다든가, 명절에도 부부가 각자 부모님을 보러 가는 경우도 아주 많았다. 한번은 남편을 혼자 성탄절 휴가에 고향으로 보낸 내 친구에게 그 이유를 묻자 이렇게 대답했다.

"자랄 때는 매일 보던 형제들이 결혼 후 오랜만에 만나면 부모 자식 간에 추억을 더듬으며 옛날 얘기도 하고 싶을 거고, 형제들끼리 어릴 때처럼 팬티 바람으로 저수지에 가서 수영도 하고 싶겠지. 어쨌든 어른이 된 다음에 만난 이방인이 낄 자리는 아닌 것 같아."

결혼은
선택일 뿐

───── 결혼이라는 의식에 대해 별로 개의치 않는 프랑스인은, 그렇다면 언제 군이 결혼하겠다는 결심을 할까?

내 친구이자 프랑스어 선생님인 로렐린은 오후 2시까지는 학교에서 근무하고 저녁에는 문화센터에서 소설가를 꿈꾸는 성인 학생을 지도한다. 그녀는 대학 교수와 살다가 두 명의 아이를 낳은 후 헤어졌고, 새로 만난 장-마르크와 동거를 시작했다. 그에게는 아이 셋이 있었으므로 두 사람은 다섯 아이와 함께 모두 일곱 식구가 한 지붕 아래에서 살게 되었다. 그리고 동거를 한 지 5년 만에 두 사람은 결혼을 결심했다고 한다. 이유를 묻자 로렐린은 말했다.

"그냥 관계가 공식적이었으면 좋겠다는 생각을 했어. 젊었을 때는 '내가 사랑하는 사람과 둘이서 애를 낳는데 왜 국가의 허락을 받아야 돼?' 하는 생각을 했는데, 지금은 결혼 서약에 서명을 하는 것 자체가 사랑을 더 깊게 만들어줄 수 있다는 생각을 하게 되었지. 그런 내 생각을 장-마르크에게 말했더니 자기도 똑같은 생각을 하고 있었대."

이렇게 해서 로렐린 부부는 다섯 아이를 데리고 40대 중반에 초혼을 했다.

많은 한국인은 프랑스인이 굳이 결혼하지 않는 이유가 프랑스의 합법 동거제도인 '팍세pacser' 때문이라고 생각한다. 하지만 프랑스인은 팍세도 결혼과 동급으로 여긴다. 그래서 프랑스에서 '저 두 사람은 같이 살아'라고 할 때는 일반적으로 팍세가 아닌 커플을 말한다. 나는 한국에서 대학 토론대회 텔레비전 프로그램의 심사위원으로 나간 적이 있다. 토론 주제 중 하나가 '한국에 팍세 제도를 도입해도 될까?'였다. 그런데 많은 참가 학생이 프랑스 사람들은 이 제도가 있기 때문에 동거를 한다고 생각한다는 데 놀랐다. 실제로는 두 사람이 사랑해서 결혼하는 데 굳이 국가의 허락을 받을 이유는 없다는 것이 대부분 프랑스 사람들의 생각이다.

그리고 프랑스 결혼식은 대부분 간소하다. 유럽에는 시청에 커다란 행사용 연회실이 있는 것이 보통인데, 결혼식은 시청 연회실을 무료로 빌려서 치르는 것이 일반적이다. 결혼식에 시청 직원이 나와 결혼신고서를 주고, 양측이 신고서를 읽고 서명하면, 증인으로 참석한 친구들이 증인란에 사인하고 박수를 쳐준다. 그리고 시청에서 준비한 와인을 한잔 마신 다음에 헤어진다. 그날 저녁, 친구나 지인이 운영하는 음식점을 통째로 빌려 파티를 열긴 하지만 하객에게는 술 두 잔을 마실 수 있는 표를 한 장씩 주고, 자기 돈 내고 술안주로 먹고 싶은 것을 사 먹게 한다. 하객들이 테이블을 빼내고 홀에서 새벽 2~3시까지 열정적으로 춤을 추다가 술에 취해 비틀비틀 집에 들어가면 결혼식이 끝난다.

프랑스에서 아주 부유한 집안 외에는 결혼식에 한국 돈으로 1천만 원 이상의 비용을 들이는 것을 본 적이 없다. 심지어 결혼식 의상도 특별한 날에 입으려고 아껴둔 옷을 꺼내 입는다. 결혼식을 위해 특별한 웨딩드레스나 턱시도를 맞추거나 빌리지 않는다. 프랑스 사람들에게 한국 청년들이 경제적인 이유 때문에 결혼을 못 한다고 말하면 고개를 갸우뚱하며 이렇게 묻는다.

"결혼이랑 돈이 무슨 관계지?"

우리나라의 경우 결혼이란 새 가족을 창조하는 중요한 의례지만, 프랑스는 이미 동거를 통해서 같이 살고 아이도 있는, 실체를 이루고 있는 집단에 '법적 가족'이라는 이름만 부여하는 일종의 명명식이기 때문에 결혼이라는 의식 자체에 큰 의미를 두지 않는 듯하다.

가족에 대한 프랑스인의 가치관 중에 많은 외국인에게 충격을 주는 것은, 이혼 후에도 두 남녀가 친구로 남는 경우가 많다는 것이다. 로렐린도 가끔 전에 동거하던 남자와 식사를 하며, 그 남자의 새 여자

친구와 셋이 만나는 경우도 종종 있었다. 물론 최근에는 미국 문화를 받아들인 프랑스의 신세대는 이런 문화를 이해하기 힘들어하긴 한다. 마치 프랑스의 40대 이상은 누드 비치를 별나게 여기지 않지만, 미국의 영향을 많이 받고 자란 20대는 그런 곳에 가고 싶어 하지 않는 것과 같다.

두 명의 '나'가 만나
'우리'가 되지는 않는다

내가 생각할 때 프랑스인의 이 '쿨함'을 이해하려면 그들에게 가족이란 한국 사람들이 생각하는 만큼 중요하지 않다는 문화적 전제를 이해해야 한다. 한국인은 연애 시절부터 두 남녀의 만남은 가족 만들기를 최종 목표로 한다고 본다. 그래서 돈과 시간이 없더라도 정성을 다해 '진심'을 보여주는 것이 로맨틱 영화나 드라마의 주제가 되는 경우가 많은 것 같다. 그만큼 정신적·시간적 투자를 많이 해서 새 가족이라는 것을 쟁취하려고 하기 때문에 결혼을 '골인했다'라고 표현한다. 그리고 두 사람이 결혼에 골인하지 못하면 그동안 투자한 정신적 에너지와 시간과 돈이 아깝다는 생각이 든다. 이 때문에 두 사람이 끝내 원수가 되는 경우도 많다. '내가 해준 게 얼마인데…'라는 본전 생각이 치밀어 오르는 것이다.

한국에서는 가족이 생기면 집값이 싸고 교육 환경이 좋은 곳을 찾아 고향 친구나 본가를 멀리 떠나 이사하거나, 심지어는 오로지 자식 교육을 위해서 부부가 떨어져 사는 경우도 많다. 친구를 만나는 횟수도 대폭 줄어든다. 아이가 생긴 친구, 특히 여성 친구는 만나기가 매우 힘들다. 대부분의 한국인은 가족이 세상에서 가장 중요한 것이라고 배워왔기 때문에 가족이 만들어지면 다른 인간관계는 물론 시간이나 돈 등 모든 것을 희생하며 가족에게 올인한다. 인간은 시간과 돈을 투자하면 당연히 그만큼의 지분을 주장하게 된다. 즉 자신이 공을 들이는 만큼 가족의 사랑을 받을 권리가 있다고 생각하게 된다. 투자가 많을수록 가족은 내 인생에서 그만큼 더 중요해지고 더 많은 것을 투자하도록 한다. 긍정적으로 보면 이런 투자와 희생의 순환이 우리나라의 가족을 단단하게 묶는 밧줄이라고 볼 수도 있다. 하지만 반대 측면에서 본다면, 가족관계는 즐거움이 아니라 의무와 권리라는 묵직한 사슬로 옭아매는 것으로 받아들일 수도 있다. 가족이라는 '우리' 속에 '나'라는 존재가 묻히는 경우도 많다.

그러나 프랑스인은 '나'와 '우리'가 철저하게 다르다. 프랑스 외의 유럽인은 프랑스인을 가리켜 모든 문장의 주어가 'Je(나)'라고 비아냥거리는 경우가 많다. 프랑스인은 절대로 누군가와 새 가족을 이룬다고 해서 두 명의 '나'가 만나 '나'는 사라지고 '우리'가 된다고 믿지 않는다. 그냥 많은 '나'가 같은 공간에서 서로 필요할 때 돕고 같은 공간에서 살 뿐이라고 생각한다. 진정한 가족은 나를 더 나답게 해주는 존재지, '나'를 묻어버리는 존재라면 절대로 가족일 수 없다고 판단해 무서울 정도로 빨리 내다버린다. 내 주변의 프랑스인 중에는 동거하다가 이별하거나 이혼한 친구들이 있는데, 이별의 이유를 물어보면 대체로 이런 식으로 말한다.

"그는 나를 바꾸려고 하는 사람이었어. 좋은 사람이기는 했는데."

한국인에게는 매우 추상적이고, 어떤 면에서는 무책임해 보이기까지 하는 대답이다. '나'로 가득 차 있는 프랑스인에게 가족이 자기 인생에서 차지하는 비중이 우리나라보다 훨씬 낮다고 볼 수 있는 대목이다. 프랑스 영화를 좋아하는 한국인은 그들의 로맨틱 영화를 보면서 이런 반응을 보인다.

"너무 쿨하고 멋져…. 근데 난 죽었다 깨어나도 저렇게 쿨할 수 없어."

하지만 프랑스인의 그런 모습은 '쿨'해서가 아니라 자기 자신으로 꽉 차 있고, 심지어 배우자나 가족일지라도 타인을 자기 중심에 두지 않는 '이기주의' 철학에서 나온 것이다. 여기서 이기주의라는 단어는 부정적인 의미가 아니다. '이기적'이라는 단어는 두 가지 의미로 번역할 수 있다. 하나는 '에고이스트egoist'이고 다른 하나는 '에고티스트egotist'다. 후자는 자기에게 필요한 것이 남에게 필요한 것보다 우선석으로 처리되어야 된다고 생각하는, 우리가 흔히 말하는 이기주의를 뜻한다. 하지만 전자는 남 신경 쓸 것 없이 자기 만족도가 높은 삶을 좋게 보는 태도를 의미한다. 프랑스인의 이기주의는 전자에 해당된다고 본다. 모든 사람이 서로 자기만의 행복을 추구하는 사회는 나름의 균형과 질서가 있는 것 같다.

그러므로 프랑스에서 가족 구성원은 자신이 새로운 취미생활을 시작하거나 혼자 또는 어린 시절의 친구와 여행을 떠나고 싶으면 가족에게 허락을 구하지 않고 그저 통보만 하는 편이다.

"4월에 친구들이랑 그리스 좀 다녀올게."

이런 식이다.

내가 프랑스에서 막 한국으로 돌아왔을 때, 한국의 기혼자들과 대화를 하다가 부인이 여행을 '보내준다'거나 또는 남편이 '나한테 자유를 많이 주는 편'이라고 말을 들을 때 몹시 어색했다. 다 큰 성인의 자유는 당연히 자기 손에 있어야 한다고 생각하는 프랑스 문화에 젖은 나로서는 자유를 배우자가 준다거나 빼앗을 수 있다고 보는 한국의 문화가 충격적이기까지 했다.

프랑스식 가족관의
뿌리

──── 우리는 문화가 원래부터 어떤 민족의 특성이라고 생각한다. 그래서 프랑스인의 남다른 가족관에 대해 "우리와 문화가 다르다"라 거나 "그들은 원래 그랬을 것"이라고 말하기도 한다. 하지만 원래 프 랑스는 유럽에서 가장 전통적이고 보수적인 가족관이 뿌리 깊게 박 힌 나라였다. 일단 프랑스는 이탈리아, 스페인 등과 함께 라틴 문화를 물려받았다. 라틴 문화는 옛 고대 로마의 영토에 속했던 나라들이 공 통으로 가진 문화다. 로마의 가족 제도는 흔히 '패터 파밀리아스Pater Familias' 제도라고 한다. '한 가정의 아버지'라는 뜻으로, 남자 가장만 참정권을 행사하고, 미성년자, 여성, 노예는 모두 아버지의 재산이자 책임으로 여기는 가부장제도이 원형이나.

로마제국은 군부세력이 주도하던 나라였기 때문에 폭력적이고 육체미가 뛰어난 강한 남성성을 강조했다. 로마시대 조각에 등장하는 젊은 근육질 남자들은 적군과 싸워서 이기는 강인한 존재일 뿐 아니라, 자기 아들이나 딸도 로마의 엄격한 규율을 어기면 바로 죽여버릴 수도 있을 만큼 감정에 흔들리지 않는 냉혹한 사람이었다. 죽음 앞에 서서도 조금의 떨림도 없고, 타인을 죽이면서도 감정 동요가 전혀 없는 라틴 남성상은 스페인의 전통 스포츠인 투우와 스페인어로 남성을 뜻하는 '마초macho'라는 단어가 한국어로 어떻게 번역되는지를 통해서 느낄 수 있다.

또 로마시대의 라틴 문화권은 지금의 가톨릭 문화권과도 거의 일치한다. 가톨릭은 유럽 전역에 일부일처제를 정착시켰고, 무엇보다 이혼을 불가능하게 만들었다. 이탈리아의 경우 1980년대까지 이혼 자체가 불법이었다. 영국의 왕 헨리8세가 캐서린 왕비와 이혼을 하기 위해 가톨릭에서 개종한 이야기는 세계사에서 유명하다.

프랑스는 게다가 유럽에서 가장 공고한 귀족 사회 중 하나였다. 프랑스 귀족의 이름은 길고 복잡하다. 이름 뒤에는 조상이나 세례를 받을 때의 대부 이름이 붙고, 그 뒤에 가문의 이름까지 나온다. 그 모든 이름 뒤에는 '드de'라는 단어가 들어가며, 가문의 본적지인 지역 이름도 나오는 등 복잡하다.

예를 들어보자. 우리가 생텍쥐페리라고 부르는 작가의 정식 이름은 '안투안 마리 장-바티스트 로제르, 콩테 드 생텍쥐페리Antoine

Marie Jean-Baptiste Roger, comte de Saint-Exupéry'다. 이름은 안투안이고, 마리와 장-바티스트는 성당에서 세례 받을 때의 대부와 대모 또는 조상 중 특히 자기에게 중요한 의미를 가진 사람의 이름일 가능성이 높다. 로제르는 성이다. 뒤에 나오는 콩테는 백작 집안이라는 뜻이고, 생텍쥐페리는 로제르 백작 집안의 봉토 이름이다. 한국식으로 치면 가문의 '본적'과 비슷한 역할을 한다. 그래서 생텍쥐페리의 정식 이름을 우리말로 완전히 풀면, '생텍쥐페리 지역의 백작인 로제르 가문 출신이자 마리와 장-바티스트의 후손 또는 대자인 안투안'이라는 뜻이 된다. 우리나라 조선시대의 내로라 하는 사대부 가문도 혀를 내둘렀을 법한 작명법이다.

프랑스의 가족관은 아직 가톨릭이 자리 잡기 전의 로마제국이 지켜온 대지 여신 숭배 신앙과 관련이 깊다. 프랑스어로 여성의 풍만함과 왕성한 출산 능력을 뜻하는 '페르틸리테fertilité'는 대지의 비옥함이나 예술가의 창의성을 동시에 뜻한다. 엄마가 아이에게 생명을 줄수 있는 기적적인 능력과, 땅이 곡식과 과일을 길러내 인간이 먹고살수 있게 해주는 것, 그리고 예술가의 머릿속에서 창의적인 생각이 나오는 것은 모두 같은 원칙이며 서로 연관되어 있다고 믿어온 것이다. 프랑스 가톨릭은 특히 창세기 1장27절과 28절을 강조한다. 이 구절에서는 신이 "남자와 여자를 만드시고… 생육하고 번성하여 땅에 충만하라"라는 내용이 나온다. 즉 프랑스는 가정을 이루고 부부관계를 통해서 자녀를 많이 두는 것을 강조하는 아주 전통적인 가족관을 가졌던 것이다.

　프랑스 국가의 상징인 '마리안느'는 풍만한 여성의 모습이다. 또 프랑스인 조각가 아리스티드 마이욜Aristide Maillol의 '지중해'라는 작품은 건장한 팔과 다리에 풍만한 골반을 가진 여성이 땅에 몸을 붙이고 앉아 있는 모습이다. 그처럼 프랑스라는 국가는 대지의 여신과 국가, 어머니의 이미지가 묘하게 섞여 있다.

프랑스 68세대의
전통 가족관 파괴

———— 프랑스인이 이런 전통적인 가족관에 반기를 들기 시작한 것은 사실 우리나라에서도 청년들이 장발을 하고 미니스커트를 입으며 연애를 가족관에서 독립시키기 시작한 시기와 비슷하다. 바로 '현대 프랑스의 탄신일'이라고 말할 정도로 프랑스인에게 중요한 시기인 1968년 5월 학생항쟁 때의 일이다. 이때 프랑스 학생들이 화염병을 들고 길거리로 나가게 만든 원인은 놀랍게도 인권 유린이나 언론 탄압 같은 심각한 사회적 주제가 아니었다. 물론 가장 중요한 이유는 프랑스의 계속된 식민지 탄압 정책이었지만, 결정적인 계기는 프랑스 대학 기숙사에서 미혼 남녀 학생이 동거하지 못하도록 한 조치였다.

왜 그런 이유로 학생항쟁이 발빌했는지를 알려면 프랑스가 혁명으로 만들어진 국가라는 점을 이해할 필요가 있다. 아주 오랫동안 세계

대부분의 국가가 정치적으로는 왕정제, 사회적으로는 귀족과 평민, 양반과 천민, 브라만과 수드라가 있는 계급 사회였다. 계급 사회가 불공평해 보여도 쉽게 뒤집지 못하는 이유는 대부분의 사람이 불공평한 질서가 기존 질서에 대한 도전으로 초래되는 무질서보다 낫다고 생각하기 때문일 것이다.

하지만 프랑스 민중은 이런저런 계산을 하지 않고 혁명을 일으켜 전통 사회를 파괴했다. 물론 프랑스혁명 이후의 시대는 왕정시대보다 훨씬 끔찍했다. 공포정치에 의한 숙청, 나폴레옹의 독재와 끊이지 않는 정복 전쟁, 여러 차례 일어난 또 다른 혁명 등 19세기 프랑스는 잠시도 폭력에서 벗어날 수가 없었다. 하지만 프랑스는 민주주의가 프랑스에서 다른 나라로 퍼져 나가는 것을 보면서 이런 고통을 감수하는 것은 사회가 발전하기 위한 당연한 성장통이라고 생각한다. 나와 남을 불편하게 만들어서라도 기존의 질서와 통념을 부수고 사회를 발전시키는 '혁명정신'을 높게 쳐주기 시작한 것이다. 그리고 대다수가 도덕적으로 편안함을 느끼는 범주에 갇혀 있는 사람을 보면 '부르주아스럽다'라며 경멸하기도 한다.

프랑스인의 '혁명정신'은 정치를 뛰어넘어 예술과 실생활로 확장되었다. 프랑스는 예술에서도 계속 '이것이 아름다운 예술이야'라고 하나의 관념이 고정되는 것을 거부했다. 일반 사람들의 미적 감각에 도전장을 던지는 인상파, 야수파, 큐비즘, 레디메이드 아트 같은 새로운 혁명적 트렌드가 꼬리를 물었다. 프랑스 예술가는 사람들이 '저게 무슨 예술이야?'라고 고개를 절레절레 흔들수록 자부심이 높아졌다. 아직 많은 사람이 이해를 못 하는 작품일수록 도전적이고 혁명적이라고 생각했기 때문이다.

프랑스의 1930년대는 가족과 연애에 대한 실험의 시대였다. 여자는 반드시 적령기에 결혼을 해서 남편과 아이를 낳고 같이 살아야 한다는 그동안의 오랜 선입견을 깨고, 디자이너 가브리엘 샤넬Gabrielle Chane은 작곡가 이고르 스트라빈스키Igor Stravinsky를 비롯해 수많은 남자와 동거하면서도 성공적인 패션 브랜드를 만들어냈다. 또 프랑스 최고의 극작가 중 한 명인 장 콕토Jean Cocteau는 당시 프랑스의 국민 미남 배우 장 마레Jean Marais와 공개적인 동성 커플이 되었다.

2차 세계대전이 터지고 독일이 프랑스를 점령하면서 독일은 프랑스의 문화를 '데카당스 문화(타락의 문화)'라고 부르며 탄압했다. 이 무렵 태어난 프랑스 청년들은 새로운 가족 형태를 통해 끊임없이 전통 가족관에 도전하는 것을 자유롭고 민주적인 프랑스의 가족관으로, 일부일처제와 출산이라는 틀에 가족을 가두려고 하는 것을 나치의 가족관으로 인식하기 시작했다. 바로 이들이 1968년 학생항쟁을 주도한 세대다.

1950년대부터 1970년대까지는 수많은 프랑스의 스타가 전통 가족관에 도전장을 내미는데, 이런 도전에 가장 앞장선 부류가 부잣집

딸들이었다는 점에서 다른 나라와 조금 다르다. 부르주아 집안의 결혼은 두 집안의 사업적 관계와 재산 상속을 결정짓는 중대한 문제여서 대부분 문화에서는 집안이 부유할수록 젊은 여성에게 강한 순결관을 요구하며 전통적인 가족관에서 벗어나지 못하도록 엄격하게 교육한다. 가난한 집안의 여성은 어차피 집에 지킬 재산이 없고, 부모님도 생계를 유지하기에 바빴으므로 성적으로 자유로워지기가 상대적으로 쉬웠다. 이런 상황에서 순결, 결혼, 부유한 남편과 안락한 가족으로 이어지는 연결고리는 엘리트 여성의 특권이 되었다. 19세기부터 1950년대 사이에 영국, 미국, 프랑스 등 모든 서구 국가에서 엘리트 여성이 대부분 이런 가치관을 자랑스럽게 여겼으며, 이런 기준에 부합하지 못하는 여성을 대놓고 차별하는 경우가 많았다.

그런데 프랑스에서는 부유한 부르주아 집안 딸들이 앞장서서 전통 가족관을 특권이 아닌 구속으로 여기며 도전장을 내밀었다. 여류 소설가 프랑수아즈 사강Françoise Sagan의 경우 당시 여성에게 금기시되던 짧은 머리를 하고 남성의 전유물로 여긴 담배를 물고 스포츠카를 난폭하게 운전하는 것으로 주목을 받았다. 사강은 여성이 어떤 남자의 전유물로 살 필요가 없다면서 '여성의 자유를 질투하며 억압하는 남성에게, 여성의 조롱 어린 웃음처럼 무서운 것은 없다'라는 독설을 날리기도 했다. '내 여자', '내 남자'처럼 누군가를 소유한다는 것은 말도 안 된다는 것이다. 부모나 친구 또는 배우자 등이 사랑이라는 이름을 앞세워 친구나 연인을 만나는 것이나 또는 내가 추구하는 예술을 방해하면 그 사람은 나를 사람으로 대접할 생각이 없고 물건처럼 소유하려는 것이라는 뜻이다. 사강은 프랑스 북부에서 큰 사업을 하던 부유한 집안의 딸이었지만 다른 부유한 집안의 딸들에게 정략결혼을 통해 한 남자에게 묶여 사는 것을 거부할 용기를 주었다.

시몬 드 보부아르Simone de Beauvoir도 유명한 사업가의 딸이고, 특히 충실한 가톨릭 집안으로 명망 높은 가문 출신이다. 그녀는 철학자 사르트르와 정신적 사랑을 유지하되 서로의 연애에는 간섭하지 않는다는 파격적인 '계약연애'로 프랑스뿐 아니라 미국에서까지 유명해졌다. 이들의 파격적인 행동으로 프랑스 청년들은 자기의 성향과 철학에 맞는 가족을 스스로 결정해서 형성할 권리에 대해서 깊은 성찰을 하게 되었고, 마침내 1968년 기숙사에서 미혼 연인이 동거를 할 권리를 얻기 위해 국가를 상대로 격렬한 투쟁을 벌인 것이다.

당시 프랑스의 사회 분위기를 담은 베르나르도 베르톨루치Bernardo Bertolucci 감독의 〈몽상가들〉은 가족끼리 연애를 할 수 없다는 터부와, 사랑은 꼭 두 사람 관계 속에서 이루어진다는 고정관념에 도전하는 한 프랑스 부르주아 집안의 쌍둥이 이야기로 큰 화제를 일으켰다. 이 영화는 한 여자(에바 그린Eva Green 분)와 두 남자가 부모 없이 크고 사치스러운 아파트에서 살며 모든 가족에 대한 선입견에 도전하는 이야기인데, 1968년을 겪은 프랑스인에게는 전통 가족관을 거부한 직후 프랑스 젊은이들이 느꼈던 과도기의 정신적 고통과 혼란을 다룬 진지한 이야기로 읽혔다.

1970년대 프랑스를 대표했던 디자이너 이브-생-로랑Yves Saint Laurent은 한참 연상의 신문사 사장과 동성 커플로, 프랑스 사회의 요주의 인물이었다. 디자이너와 사업가가 서로 질투하고 싸우고 헤어졌다 만나기를 반복하면서 이어 나간 두 사람의 사랑 이야기는 프랑스가 한창 전통 가족관에서 벗어나기 위해 몸부림치던 시대를 대표한다. 두 사람은 동성인 데다가 엄청난 나이 차이와 직업적·사상적 차이를 극복하고 갈등과 고통 속에서도 깊은 행복과 사랑을 찾은 커플로서 자주 회자된다.

드골의 프랑스 vs
미테랑의 프랑스

프랑스 사람은 흔히 2차 세계대전 후 지금까지 드골의 프랑스와 미테랑의 프랑스가 공존한다고 말한다. 드골의 프랑스는 전통적인 프랑스 가정의 모습을 보여준다. 남편은 프랑스의 전통적이고 이상적인 남성성을 가졌고, 아내는 한마디로 현모양처다. 드골의 영부인 이본느Yvonne 여사는 알뜰하고 흐트러짐 없는 살림살이, 뛰어난 요리 실력과 사교술, 아름다운 외모 등으로 외국 사절마저 매료시켰다. 이 때문에 드골 대통령의 가정은 로마제국-가톨릭-베르사유의 계보를 잇는 전통적 프랑스 가정의 표상이 되었다.

미테랑 대통령은 드골과 반대된다. 미테랑은 끊임없이 새로운 여성과 사랑을 갈구한 인물이다. 그와 함께한 많은 여성은 정치인 미테랑의 여인으로서가 아니라 한 여자로서 저마다의 인생을 자유롭게

살았다. 그리고 미테랑이 죽었을 때는 모두가 그를 향해 '좋은 친구이
자 사람'이라며 진심 어린 애도를 표했다. 미테랑은 프랑스 68세대의
상징이다.

두 개의 프랑스는 크리스티앙 디오르Christian Dior와 이브-생-로랑
이라는 두 디자이너를 통해서도 상징된다. 디오르는 큰 모자와 목이
긴 흰 장갑, 그리고 코르셋을 착용해서 잘록한 허리선을 강조한 패션
으로 인기를 얻었는데, 베르사유 궁전 정원에서 화보를 찍는 것으로
유명했다. 반면에 이브-생-로랑은 남자의 군복을 여성복으로 응용한
것으로 유명하다.

하지만 결국 프랑스인이 깨닫게 된 것은 드골의 프랑스나 미테랑
의 프랑스, 디오르의 프랑스나 이브-생-로랑의 프랑스 중 하나만 존
재하는 프랑스는 바람직하지 않다는 것이다. 전통적인 가족 속에서
행복을 느끼는 사람과, 그것을 거부하고 자기를 중심에 두는 가족관
을 중요시하는 사람이 카페에서, 대학에서 끊임없이 싸우고 논쟁하는
것. 그 혼돈과 다양성 자체가 혁명 국가인 프랑스의 진정한 모습일 것
이다.

우리나라도 지금 전통적인 가족관이 심각하게 흔들리고 있다. 젊
은이들은 점차 개인의 소소한 행복을 중요시하고, 미래를 위해 현재
를 희생하기를 바라지 않는다. 사실 이제는 그런 가치관에 적합한 새
로운 가족관이 필요한 때다. 하지만 사랑하는 사람이 생겨 동거하더

라도 부모에게 숨겨야 하고, 결혼하지 않고 아이를 가지면 주변의 눈치를 보게 된다. 아직도 우리는 '가족'이라고 하면 두 이성 커플이 결혼해 아이를 키우기 위해서 전념하는, 할아버지 세대의 사고방식을 그대로 따른다(사실 할아버지 세대의 핵가족이 그 이전의 유교적 대가족에 비해 혁신적이고 혁명적이었던 솔루션이었던 것을 생각하면 놀라운 일이다).

새로운 실험이 없기 때문에 새로운 형태의 가족도 만들어지지 않는 것 같다. 현 세대가 행복을 찾을 수 있는 새로운 가족관이 없기에 그들은 아예 가족 만들기를 포기한다. 가치관은 변하는데 출산율 저하 문제를 전통 가족 형성에 필요한 아파트 임대 자금을 저리로 빌려주거나 공익 광고로 해결하려고 한다. 새로운 세대가 자기의 가치관에 맞추어 나름의 새로운 가족관을 형성할 자유와 용기, 그리고 그들의 실험을 존중해주는 기성세대 없이는 우리나라의 고질적 문제인 가족 없이 혼자 늙어가는 외로움과, 아이가 없는 나라의 절망은 절대로 해소할 수 없을 것이다.

이런 문제에 직면한 우리로서는 프랑스가 여러 어려운 실험 끝에, 결혼은 가장 적게 하지만 유럽에서 가장 건강한 출산율을 가진 나라가 되었다는 사실을 참고할 필요가 있지 않을까?

육아 '발견'과 '일깨우기'의

PARENTING

프랑스의 양육 철학은 어찌 보면 맹자의 말과 상통한다. 맹자는 아무리 급해도 벼를 잡아당겨서 빨리 키울 수 없다고 했다. 아이는 생명체고 생명체는 자기가 알아서 크고 배워가는 리듬이 있다.

어른의 영역,
아이의 영역

———— "지금 엄마 친구랑 이야기 중인데…."

노라는 낮지만 단호한 눈빛과 목소리로 말했다. 파리의 마레 지구에서 커피 로스팅 가게를 운영하는 노라와 만나던 날의 일이다. 노라의 집은 전형적인 파리의 서민 아파트로, 우리나라의 1인용 오피스텔만 한 공간에 싱글 침대 한 개가 간신히 들어갈 정도의 크기인 방과 부엌으로 나뉘어 있다. 프랑스 집답게 좁은 부엌 천장 아래 공간에는 주방 기구들이 주렁주렁 매달려 있고, 그 아래로 판자 하나라고 해도 좋을 작고 얇은 테이블 하나를 놓았다.

노라는 이 비좁은 공간에서 딸과 둘이 살았다. 그녀는 세계 커피 테이스팅 대회에서 3위를 한 적이 있을 정도로 뛰어난 미각을 가졌다. 지금은 커피를 재배하는 제3국 농민을 보호하는 감시단체에서 자원

봉사를 하면서 작은 로스팅 가게를 운영하며 딸과 둘이서 소소한 행복을 누리며 산다. 딸은 친아버지를 본 적이 없다. 노라가 말을 꺼내지 않아 굳이 물어보지 않았지만, 결혼한 적이 없어 보였다. 프랑스에서는 흔하고 자연스러운 일이어서 주변 사람들도 별 신경을 쓰지 않는다.

그날 나는 노라와 오랜만에 만나 한 시간쯤 커피를 마시며 담소를 나누었는데, 말없이 혼자 놀던 노라의 딸이 엄마 옆으로 슬그머니 다가왔다. 사실 노라네 집에는 텔레비전도 없고, 아이가 가지고 놀 만한 장난감을 둘 공간조차 없어서, 아이로서는 집에서 혼자 노는 시간이 몹시 지루했을 것이다. 또 배가 고픈지 냉장고를 열고 부스럭거리다가 엄마 처다보기를 되풀이했다. 그래도 엄마가 반응을 보이지 않자 더는 못 참겠다는 듯 엄마의 소매를 잡고 칭얼거리기 시작했다. 내가 노라에게 "아기가 배고픈가봐"라는 말을 해볼 겨를도 없이 노라는 단호하게 딸에게 이렇게 말했다.

"엄마 지금 친구랑 이야기 중이지?"

그 말에 오히려 내가 놀랐다. 노라는 조금의 흔들림도 없이 이어서 말했다.

"너도 네 친구랑 노는데 엄마가 친구 내버려두고 나랑 놀자고 하면 좋아?"

그러자 딸아이는 더는 보채거나 떼쓰지 않고 시무룩한 표정을 짓더니 슬며시 물러갔다. 노라는 아무 일도 없었던 듯이 나와 대화를 계속했다. 나만 괜히 마음이 불편했지만, 사실 이런 풍경은 프랑스에서 흔하다.

한번은 내가 학생 때 남부 프랑스를 여행하던 중 아이와 엄마, 아빠 셋이 멋진 차림으로 저녁 시간에 식당에서 외식하는 모습을 본 적이 있다. 부모는 30대 후반쯤, 아이는 서너 살 정도로 보였다. 아이 아빠는 몸에 딱 붙는 회색 정장 양복을 입었고, 엄마는 우아한 보라색 드레스를 입었다. 부부는 아이의 손을 잡고 식당에 오더니 주인에게 넓은 자리를 요청했다. 여자는 풍성한 꽃다발을 들고 있었는데, 아마 그날이 부부의 중요한 기념일이 아닌가 싶었다. 음식점 주인은 부부와 아는 사이인 듯 두 사람의 볼에 입을 맞추며 반갑게 맞더니 꽃병을 테이블 가운데에 놓았다. 샴페인 한 병이 나오자 부부는 건배를 한 후 애정 어린 눈빛을 나누며 자기들만의 대화에 빠져들었다. 그렇게 둘만의 대화가 30분 정도 이어졌는데, 아이가 너무 따분했는지 의자에 앉아 몸을 이리저리 뒤척거리기 시작했다. 하지만 로맨틱한 저녁식사에 정신이 팔린 부부는 아이를 전혀 신경 쓰지 않았다. 그때 갑자기 아이가 포크를 집어들더니 테이블 위에 '탕!' 하고 내던지면서 양 볼을 크게 부풀렸다. 엄마는 잠시 남편과 대화를 끊고는 아이에게 눈을 돌렸다. 웃는 표정은 아니었지만 화난 표정도 아니었다. 엄마는 보통 어른들끼리 대화할 때의 표정으로 이렇게 말했다.

"엄마는 지금 아빠랑 데이트 중이야."

아이는 팔짱을 끼고 엄마에게서 등을 돌렸다. 엄마는 그런 아이의 태도를 무시하고 계속 말했다.

"만약 엄마와 아빠랑 같은 테이블에 앉아 있다면 우리가 부부라는 사실을 인정하고 존중해야 해. 엄마와 아빠가 서로 사랑하지 않았다면 너는 태어나지도 않았을 거야. 만약 혼자 놀기 싫으면 저 오빠한테 가서 서빙이라도 좀 배우렴."

엄마가 오빠라고 한 소년은 음식점 주인의 아들이었다. 딸아이의 또래로 보였는데, 주인 아들은 테이블을 돌면서 손님 테이블에 빵이 떨어지면 빵을 채우고, 손님이 물을 달라고 하면 가져다주기도 하면서 나름 자기 역할을 열심히 해내고 있었다. 토라져 있던 딸아이는 자리에서 일어났다 앉았다를 몇 번 하더니 여전히 부모의 반응이 없자 슬그머니 음식점 주인 아들과 같이 빵을 나르기 시작했다. 그 일이 재미있었는지, 두 시간 정도 지나고 이야기를 마친 부모가 집에 가자고 해도 주인 아들과 함께 손님의 주문을 받으면서 시시덕거리느라 엄마가 부르는 소리도 듣지 못했다.

어른이 된다는 것은
인생의 '상향곡선'

———— 대부분의 프랑스 부모는 아기가 태어나면 가장 작은 방에 '크레슈crèche'라고 부르는 더 작은 방을 만든다. 아이가 기어 다니기 시작하면 그 방에서 나오지 못하도록 분리막을 쳐놓고 부모가 밖에서 아기의 울음소리를 듣고 위급상황에만 돌보려고 방문을 열어놓는다. 아직 자기 몸을 스스로 제어할 수 없는 아기는 깨지기 쉽거나 귀중한 물건이 있는 곳에 드나들 자격이 없다고 생각한다. 그래서 아기를 방에서 데리고 나올 때는 엄마가 안거나, 소파 앞에 있는 조그마한 매트에서 장난감을 가지고 놀게 두어 집 안의 중요한 물건을 망가뜨리거나 엄마가 하는 일에 방해되지 않도록 가르친다. 즉 집에서 '아이 방' 이외의 곳은 어른의 공간이기 때문에 아기가 어른에게 맞추어 놀아야 한다는 것이다. 만약 아이가 기어 다니면서 유리 장식 같은 것을

만지려고 떼를 쓰면 다시 아이 방에 데려가 자기가 해서는 안 되는 일이 무엇인지 깨달을 때까지 그대로 둔다.

　어른끼리 대화를 할 때도 아기가 끼어들어 방해하지 못하도록 한다. 내 친구 로렐린 집에서는 자주 디너 파티가 열렸다. 파티에는 프랑스 문학을 좋아하는 남녀 너댓 명씩 모여 조촐한 식사를 하며 토론을 벌이곤 했는데, 어느 날인가 초등학교 2학년쯤 되어 보이는 로렐린의 조카가 엄마와 함께 파티에 온 적이 있다. 그 아이는 혼자 인터넷을 하다가 어른들의 테이블을 힐끗힐끗 넘겨다보거나 어른들 사이로 와서 엄마 뒤에 서보곤 했지만 파티에 참석한 어떤 어른도 아이에게 "이름이 뭐니?"라고 물어보지 않았다. 아이 엄마도 손님들에게 "우리 아이가 심심한가봐요. 이제 초등학교 2학년이에요"라는 식으로 소개를 하지도 않았다. 어른들은 그냥 어른끼리만 대화를 이어갔다. 로렐린의 조카는 혼자 노는 것이 너무 심심했던지 갑자기 식탁 의자를 빼서 들고 와 어른 사이에 앉았다. 그러고는 최대한 예의를 갖추어 자기를 소개했다.

　"안녕하십니까, 므슈, 마담? 제 이름은 안느입니다."

　그제야 어른들은 반갑다며 인사를 받아주었다. 안느는 나를 쳐다보더니 이렇게 물었다.

　"한국에서 오셨죠? 오늘 아침 신문을 보니 김정은이라는 사람이 핵무기를 개발하고 있다는데, 남한 사람으로서 그 공포심을 어떻게 해결하나요?"

나는 그 아이가 자기가 무슨 말을 하는지 잘 안다고는 생각하지 않았다. 하지만 중요한 것은 어른의 테이블에 끼려면 어른의 말을 해야 한다는 점은 알고 있다는 점이다.

우리나라 부모들은 어린 자녀가 재미없는 이야기를 해도 재미있는 척하고 열심히 들어주고, 아이의 입맛에 맞추어 식사 메뉴를 바꾸며, 아이의 눈높이에 맞추어 이야기를 한다. 아이는 그렇게 모든 것을 어른들이 받아주는 환경에서 자란다. 그러다가 자신이 성인이 되어 보니 사회는 자신의 꿈이나 감정, 취향 따위에는 전혀 관심이 없다는 사실을 발견하게 된다. 그때 느끼는 좌절감은 얼마나 폭력적일까? 어쩌면 한국 젊은이들의 고통과 고뇌는 여기서 시작되는 것이 아닐까? 그러다 보니 우리나라 아이들은 자랄수록 인생의 하향곡선을 그리게 되는 것 같다. 유아기 시절 마음껏 누리던 자유와 권한을 평생 다시는 누릴 수 없다는 사실을 실감하며 살아야 하는 인생이 과연 행복할 수 있을까?

그런 면에서 프랑스인의 인생은 지식과 경험, 사회적 우아함이 쌓이면서 어린아이가 작은 아기 방에서 거실로, 거실에서 어른의 식탁으로, 어른의 식탁에서 회사의 임원 회의실로 점점 강한 발언권을 획득하는 과정을 밟아가게 되므로 어른이 아이보다 얼굴이 밝은 것 같다. 프랑스의 중학교 근처 커피숍에 들를 때마다 아버지 스타일로 뿔

테 안경에 줄무늬 스포츠코트를 입고 커피를 마시며 어른 흉내를 내는 학생을 흔히 보게 된다. 프랑스 아이들에게 어른이 되어가는 것은 괴로운 인생의 무게를 짊어지는 여정이 아니라 인생을 자신이 원하는 대로 살 수 있는 자유가 주어지는 기대되는 일이 되는 것이다. 나는 누군가가 어떤 방식으로 어른이 되고 싶은지 묻는다면, 어릴 때 자유를 실컷 누리고 크면서 점차 하향곡선을 긋기보다는 어릴 때 조금 통제를 받더라도 어른이 되는 것이 기대되고 기다리게 되는 편이라고 할 것 같다.

가족의 중심은
부부의 육체적 사랑

———— 일본 연구서의 고전《국화와 칼》의 저자인 루스 베네딕트 박사는 유교 사회에서 유년기와 노년기는 장년기보다 좋은 유U자 인생을 산다고 주장했다. 다시 말하면 행복한 유년에 비해서 성인으로서의 인생이 행복하지 않다는 이야기다. 왜일까?

유교에서는 가문이 매우 중요하다. '최첨단 인공지능 시대에 가문이라니, 무슨 그리 케케묵은 생각을 하는 사람이 아직도 있어?' 하는 분도 있겠지만, 일단 우리의 자녀 교육과 관련지어 흔히 사용되는 아래의 표현만 보아도 한국 사회는 여전히 가문을 중요시한다는 것을 부인할 수 없다.

"집안이 좋다."

"명문가에서 자랐다."

"어쩐지 애가 출중하다 했더니 부모님이 훌륭하다."

"대대로 학자/정치가/사업가 집안이다."

집안 전체가 한 팀, 하나의 생명이라고 생각한다면, 여기에서 스타는 당연히 자식이다. 부모는 죽지만 자녀는 남아 가문을 이어가고, 자녀가 똑바로 자라나지 않으면 가문이 망하게 된다. 그러면 그 가문을 유지하기 위해 살아간 부모의 삶도 의미가 없어진다. 꼭 유교 문화뿐 아니라 마피아나 왕실, 오너 기업 등 가문을 중요시하는 조직은 항상 자녀가 가족의 중심이다. 이런 문화에는 장점도 많다. 2015년 OECD 조사에 의하면 한국의 계급유동성은 0.75 이상으로, 우리에게 이상적인 사회복지 모델로 부러움을 사고 있는 스칸디나비아 국가보다 조금 낮았다. 그에 비해 개인주의 성향이 강한 영국, 프랑스, 이탈리아, 미국은 모두 0.5 정도에 그쳐 OECD 국가 중 꼴찌 수준이었다. 또 2018년 OECD 조사 결과에 따르면, 우리나라에서 고등교육을 받은 부모의 자녀 중 71퍼센트가 고등교육을 받았는데, 이는 OECD 평균 63퍼센트에 비하면 매우 높은 수준이다. 또한 중학교 이하 교육을 받은 부모의 자녀 중 4분의1가량이 고등교육을 받음으로써 OECD 평균 13퍼센트의 두 배 가까이에 이르러 교육 이동성이 OECD 최고 수준이었다.

우리나라에서 이토록 교육열이 높은 이유는, 집이 가난해도 어떻게든 아이를 공부시키고자 하는 의지가 크기 때문이다. "우리 먹고살기도 힘든데 무슨 대학이야?"라며 부모가 성인이 된 아이를 등떠밀며 돈이나 벌라고 하는 나라에 비하면 계급 상승의 사다리를 탈 가능성이 비교적 높은 것은 당연하다.

하지만 이런 교육열에는 어두운 면도 있다. 우리나라에서 이런 우스갯소리가 있다.

"아이가 공부를 잘하려면 엄마의 정보력과 할아버지의 재력이 필요하다."

이렇게 3대가 합심해서 후손을 길러내야 한다는 육아관은 부모 개인의 행복이라는 측면에서 보면 너무 많은 희생을 요구한다.

한국의 가정은 가족 모두의 행복을 위해서 존재한다기보다는 자식을 성공시키기 위한 하나의 거대한 지원 네트워크가 된다. 할아버지 할머니는 용돈을 아껴서 손주에게 용돈을 준다. 그래서인지 우리나라는 1인당 국민소득이 3만 달러가 넘는 나라치고는 레저스포츠 시장 규모가 굉장히 작다. 외국의 경우 은퇴한 노년 세대가 레저스포츠 시장을 좌우하는 것과는 사뭇 대조적이다. 할아버지 할머니만 소비가 적은 것이 아니다. 그 아래 세대인 아버지와 엄마는 높은 주거비와 교육비 지출을 감당해야 하니 막상 자신을 위해 쓸 돈이 수입에 비해 적을 수밖에 없다. 그리고 부모는 싸구려 브랜드를 입어도 자식에게는 고급 브랜드로 사주는 것이 우리의 현실이다.

우리나라에서는 일단 자식이 태어나면 아이가 먹고 입고 자는 데 쓰는 온갖 생활용품이 온 집안을 차지한다. 부모는 아이를 낳자마자 곧바로 대화 주제가 거의 아이에 집중되고, 심지어는 말투마저도 아이에 맞추는 경우도 흔히 볼 수 있다.

하지만 프랑스인의 인생 기조인 '이기주의'는 여기서도 작용한다. 프랑스인은 가정의 중심에 자녀를 두지 않는다. 이들은 '사랑', 특히 육체적인 사랑을 가족의 중심으로 본다. 부모의 육체적 사랑 없이는 아이가 태어날 수 없으므로 건강한 가족을 유지한다는 것은 부모 둘 사이의 육체적·정신적 관계가 좋아야 한다는 것이고, 이미 형성되어 있던 부모의 좋은 관계 속에 뒤늦게 끼어든 아이는 부모의 라이프스타일과 삶의 규율과 관계를 방해하고 흔들면 안 되며, 있는 그대로 배우면서 어른이 되어가야 한다고 생각한다.

'프랑스 아이처럼' 키우기

〈월스트리트저널〉의 기자 출신 미국인인 파멜라 드러커맨 Pamela Druckerman은《프랑스 아이처럼》라는 책을 써서 베스트셀러 작가가 되었다. 미국에서는 엄마들이 아이의 무례한 행동을 고치지 못해 엄청난 스트레스를 받는데, 프랑스에서는 이런 스트레스가 거의 없다는 점을 흥미롭게 여기고 취재한 결과를 책으로 낸 것이다.

드러커맨은 프랑스 엄마들의 예절 교육이 영아기부터 시작한다고 주장한다. 예를 들어 출산 후 첫 육아의 어려움은 아이를 돌보느라 밤 잠을 제대로 못 자 항상 잠이 부족하다는 점일 것이다. 이는 대부분의 어른이 부모가 되면 당연히 감당해야 할 일로 믿지만 프랑스 부모들은 달리 생각한다고 드러커맨은 밀한다. 프랑스 엄마들은 아기가 태어나면 하루 4~5회 정해진 시간에만 젖을 준다. 당연히 밤에는 기저

귀가 젖어도 갈아주지 않는다. 이렇게 하면 점차 아기가 적응해서 자는 동안에도 기저귀를 적시지 않는다고 한다.

또 아기가 밥을 먹기 시작하면 어른과 같은 식단으로 어른과 같은 시간에 식사를 하도록 한다. 간식도 정해진 시간인 '구테goûter'에만 먹도록 한다, 누군가 집 밖에서 과자나 초콜릿 같은 것을 선물로 주어도 일단 집으로 가져와 구테 시간에 먹도록 한다. 구테 시간에도 부모가 허용하지 않는 음식은 먹을 수 없다. 시도 때도 없이 주전부리를 하고 식사시간이면 안 먹겠다고 떼를 써 따라 다니며 밥을 떠먹이는 우리 주변의 흔한 엄마들과는 대조적인 양육 태도라고 할 수 있다. 어쨌든 프랑스 아이들은 이러한 양육 방식 덕분으로 어릴 때부터 정해진 식사시간에 충분히 밥을 먹는 좋은 습관을 기르고, 성인이 되어도 미각이 무뎌지지 않아 아무리 배가 고파도 불량식품은 먹지 않게 된다.

로렐린은 가끔 나에게 베이비시터 노릇을 부탁했다. 아이들은 17살부터 3살까지, 무려 다섯이나 되었다. 나는 처음에, 막내인 데다가 일찍 고국을 떠나와 어린 조카 하나라도 돌본 적도 없는 내게 무슨 생각으로 그런 부탁을 하는지 의아했다. 하지만 나의 선생님인 로렐린이 나를 믿고 부탁하는데 매몰차게 거절할 수 있는 상황이 아니어서 마지못해 승낙하고 말았다. 하지만 어찌나 걱정이 되는지 한국에 있는 어머니에게 전화를 걸어서 어떻게 해야 할지 물어보았다. 어머니는 나보다 더 황당해하면서 어이가 없었는지 웃음을 터트리셨다.

"아니, 네가 무슨 남의 애를 본다고 그래!"

나는 결국 그냥 쉽게 생각하기로 했다.

'애들하고 칼싸움이나 하면서 재미있게 놀면 되겠지.'

첫날, 한 가득 걱정을 안고 로렐린의 집으로 갔다. 그런데 예상했던 풍경과는 사뭇 달랐다. 아이들은 저마다 할 일에 푹 빠져 나를 신경 쓰지도 않았다. 음악 듣는 아이는 이어폰을 끼고 들어 형제들에게 방해가 되지 않았다. 책을 보거나 인터넷 서핑을 하는 아이들도 남에게 신경 쓰지 않고 남도 자기에게 신경 쓰지 않도록 조용히 자기 볼일만 보았다. 막상 나는 할 일이 아무것도 없었다. '애 보기가 이렇게 쉬워?' 싶었다.

식사 때가 가까워지자 다시 걱정이 밀려왔다.

'이 많은 애들 밥은 어떻게 챙겨줘야 하나?'

그러나 이 걱정도 역시 기우였다. 정해진 식사시간이 되자 첫째인 큰딸이 먼저 거실로 나와 손바닥을 딱딱 쳤다. 그러자 동생들이 마치 뒤에서 대기했다가 차례대로 무대에 오르는 배우처럼 일사불란하게 나오더니 저마다 맡은 역할을 수행하는 것이 아닌가. 넷째와 세 살배기 막내가 테이블보를 꺼내 테이블 위에 펼쳤다. 셋째는 포크와 나이프, 스푼을 놓고, 둘째는 접시와 빵을 테이블로 옮겼다. 첫째는 샐러드 채소에 소스를 뿌려 테이블에 올려놓았다. 이런 식으로 순식간에 밥상이 차려졌고, 아이들은 조용히 식사를 했다. 설거지 역시 이미 맡은 역할대로 아이들이 척척 처리해서 나는 손댈 일이 하나도 없었다.

그 모습이 신기해 보인 나는 아이들에게 항상 그렇게 식사 준비와 설거지를 하느냐고 물었다. 그러자 아이들은 당연하지 않냐고 오히려 되물었다. 엄마가 계실 때는 정해진 차례대로 엄마와 장을 봐온 식재료를 정리해서 냉장고에 보관한단다.

그날 이후로 나는 별다른 약속이 없으면 로렐린 부부가 주말여행을 떠날 때마다 기꺼이 아이들을 맡아주었다. 내가 굳이 아이들과 함께 있어야 하는 이유는 미성년자를 어른 없이 두는 것이 불법이기 때문이었다.

앙팡 루아와
프랑스 육아 철학의 재발견

──── 프랑스 부모들의 이러한 육아 방식의 뿌리에는 굳건한 철학적 바탕이 있다. 특히 사회계약설과 인민주권론으로 프랑스혁명의 정신적 지주가 된 장 자크 루소Jean Jacques Rousseau는 저서 《에밀》을 통해 오늘날 프랑스의 독특한 육아 철학이 성립하는 데 큰 영향을 미친 인물이다.

사실 《에밀》은 프랑스의 양육 현실이 엉망이던 시기에 출판되었다. 18세기 후반 파리에서 태어난 2만여 명의 영아 중에 무려 1만 9,000명이 집에서 멀리 떨어진 곳에 사는 보모에게 맡겨졌다. 아이들은 먼 길을 가는 도중에 죽는 일도 많았고, 격무에 시달리는 보모의 부주의 때문에도 일찍 생을 마감했다. 심지어는 루소 자신도 어린 시절 삼촌의 손에 자랐고, 성인이 되어서는 자기 아이들을 보육원에 맡

겨야 하기도 했다. 루소는 그런 프랑스의 비참한 양육 현실을 뒤집고
자 했다. 그는 모유 수유를 권장하고, 안전을 위한다는 이유로 아기를
강보로 꽁꽁 싸매는 풍습 등을 비판했다.

자녀 양육에 관한 루소의 사상은 한마디로 '자연으로 돌아가라'는
것이다. 그는 '교육'이란 자연, 인간, 사물을 통해 이루어지는데, 우리
의 능력과 신체 조직을 내적으로 성장시키는 것은 자연의 교육이고,
이러한 성장을 활용하는 방법을 알려주는 것이 인간의 교육이며, 자
극을 주는 물체들을 직접 체험함으로써 얻는 것은 사물의 교육이라
고 말했다.

루소는 자연주의 양육의 구체적인 사례로, 아이가 매일 들판을 맘
껏 내달리며 뛰어 놀게 하고 하루에 100번은 넘어질 수 있게 해주는
것을 들었다. 그래서인지 루소가 《에밀》에서 에밀에게 유일하게 허락
한 책은 《로빈슨 크루소》였다.

하지만 자연주의 양육 철학이라고 해서 부모가 아무것도 안 하고
그냥 내버려두라는 의미는 아니다. 루소는 아이가 세계를 자유롭게
탐험하고 '발견'하면서 점차 감각을 '일깨울' 자유를 가지도록 하는
것이 부모의 역할이라고 말했다. 파멜라 드러커맨은 여기서 '일깨우
기'란 아이들이 순간의 즐거움과 풍요로움을 흡수할 수 있게 하는 일
종의 훈련이라고 말했다.

아이가 스스로 발견하고 일깨우도록 하는 프랑스 부모의 모습은

프랑스 친구들을 통해서도 여러 번 보았다. 한번은 내 친구 뱅상이 처음으로 여자친구를 사귄 유치원생 아들에게 들꽃을 한 송이 주며 이렇게 말하는 것을 들었다.

"여자를 만날 때는 이렇게 꽃을 우아한 방법으로 건네줘야 해."

그러면서 뱅상은 배우가 무대에서 우아하게 인사를 하는 듯한 동작을 보여주었다.

나는 처음에 어린 아들에게 여자에게 꽃을 주며 환심을 사라고 가르치는 친구를 보며 깜짝 놀랐다.

'자기가 바람둥이라고 아들에게도 그런 걸 조기교육 하나?'

뱅상의 아들은 파란 눈동자에 흰 피부, 갈색 곱슬머리가 멋진 귀여운 소년이었다. 아이는 방실방실 웃으며 아빠가 건네주는 꽃을 받아 들었다.

알고 보니 어린아이에게도 이성 간의 사랑이나 이성을 사로잡는 방법을 가르치는 것은 바람둥이 뱅상만이 아니었다. 그때그때 주어진 삶을 즐기는 것을 중요시하는 프랑스인은 아이가 어릴 때부터 성에 관한 대화도 거침없이 나눈다. 이성에게 호감을 얻는 방법은 대부분의 부모가 조기교육을 한다. 로렐린 역시 딸이 13살부터 좋아하는 남자가 생기자 딸과 함께 첫 하이힐과 미니스커트를 고르러 갔다.

1980년대 프랑스의 세계적인 스타 소피 마르소Sophie Marceau가 주연한 영화 〈라붐〉에서 엄마가 딸을 데리고 산부인과에서 가서 피임

약을 처방받는 장면이 있다. 프랑스에서 이런 것은 '세련되고 모던한' 것이 아니라 예전부터 그랬고 자연스럽다는 듯한 모습이다.

로렐린은 딸에게 자기가 좋아하는 남자의 마음을 사로잡는 몸짓이나 눈빛을 연습시키기도 했다. 이뿐만이 아니다. 프랑스 부모들은 딸에게 남자친구가 생기면 집으로 데려오는 것을 아무렇지도 않게 생각할 뿐더러 둘이서 무엇을 하든지에 대해서도 전혀 간섭하지 않는다. 심지어는 집에서 자고 가도 별말 하지 않는다.

로렐린은 이렇게 말했다.

"남녀의 사랑을 돈이 없어서 지저분한 모텔에서 배운다고 생각해 봐. 아이들의 성 관념이 어떻게 되겠어? '성'이라는 것은 가족에게도 절대 부끄러워할 필요가 없는 삶의 일부라는 걸 전혀 모르는 미국인처럼 살게 될 거야."

프랑스인은 항상 현대 사회의 피폐함을 말할 때 미국이나 영국을 예로 든다.

내가 이렇게 물었다.

"미국인이 어때서?"

"겉으로만 순결한 척하는 변태들이잖아."

프랑스인은 가족끼리 휴가를 갈 때 자기 아들의 여자친구나 딸의 남자친구랑 같이 가는 경우가 많다. 우리나라의 옛 어른들이 집에서 술을 배워야 술버릇이 잘 잡힌다고 생각했던 것처럼, 아이들의 연애를 관찰하면서 서로의 마음을 쓸데없이 다치게 하는 행동이나, 아니면 특히 아들이 여자친구에게 자기도 모르게 폭언을 하거나 폭력적인 행동을 하면 그때그때 고쳐준다. 아이는 독립적인 인간으로서 살아가는 것이지, 부모 마음대로 빚어낼 수 있는 찰흙인형이 아니라고 말한다.

물론 프랑스에도 '앙팡 루아Enfant roi', 즉 '왕 아이'라는 말이 있다. 떼만 쓰면 무엇이든 다 들어주고 가족 모두가 아이에게 휘둘려 아이가 왕 노릇을 한다는 의미다. 그런데 프랑스에서는 "댁의 아이는 앙팡 루아군요?"라는 말이 최고의 모욕이다. 아이가 자제력 부족으로 혼돈 속에 고통받게 만드는 것은 최악의 육아를 한 부모에게 책임이 있으며, 부모가 자식에게 휘둘리는 것은 바보짓이라는 것이 보통의 프랑스 부모의 생각이기 때문이다.

미국의 사이먼 시넥Simon Sinek이라는 인기 작가이자 강사는 밀레니얼 세대의 우울증과 고통의 원인이 미국의 나쁜 가정교육Bad parenting 때문이라고 꼬집었다. 미국의 '헬리콥터 부모(아이를 따라 다니며 모든 위험에서 보호하려는 부모)'는 모든 사람이 동등하게 소중한 것이 아니라 자기만 특별한 존재이고, 노력을 하거나 성취가 없어도 위로받을 권리가 있다고 믿는 아이를 키웠다는 것이다. 시넥은 미국 MTV와의 인터뷰에서 이런 아기 현실생활이 안겨줄 상처에 전혀 대비하지 못하고 성인이 되기 때문에 사회생활을 견디지 못하고 애정결핍에 시달리는 것은 전적으로 부모의 책임이라고 따끔하게 꼬집음으로써 큰 호응을 얻었다. 사실 우리나라 사정도 이와 별반 다르지 않다.

프랑스의 양육 철학은 어찌 보면 맹자의 말과 상통한다. 맹자는 아무리 급해도 벼를 잡아당겨서 빨리 키울 수 없다고 했다. 아이는 생명체고 생명체는 자기가 알아서 크고 배워가는 리듬이 있다. 그 리듬을 부모가 통제할 수 있다는 오만은 미국을 비롯한 수많은 나라의 육아를 실패로 이끌었고, 세상에서 가장 큰 물질적 부를 누리면서도 가장 불행한 세대를 만들었다. 진정한 부모의 덕목은 아이를 자기 구상대로 잘 길러내는 것이 아니라 농부처럼 좋은 사랑으로 충만한 가족 분위기라는 옥토 위에 씨를 뿌리고 스스로 잘 자라기를 기다리는 것뿐이라는 프랑스의 전통 육아법을 다시 주목해야 할 이유가 여기에 있을 것이다.

즐겁게 살 것인가

성공할 것인가,

어쩌면 프랑스인은 진짜 성공한 인생이란 성공하려고 발버둥치지 않아도 되는 인생이고, 진짜 행복한 인생은 행복이란 것을 믿지 않고 주어진 순간에 충실한 인생일 수 있다는 결론을 오랜 시행착오 끝에 얻은 것은 아닐까?

뇌이쉬르센과
이포캉

_____ 노라는 파리 북서부 외곽 도시 뇌이쉬르센Neuilly sur Seine에서 태어났다. 이곳은 한국의 분당과 자주 비교되는 곳인데, 사람들이 파리에서 이 동네로 이사 오는 이유는 크게 몇 가지가 있다. 우선 파리의 주택은 집값이 살인적이면서도 너무 낡은 아파트가 대부분이어서 편의시설이 거의 없다. 뇌이쉬르센은 2차 세계대전 이후에 미군이 유럽에 주둔하면서 미국 고위층 자제를 위해 세운 미국인 학교와, 당시 프랑스 병원보다 훨씬 비싸지만 의료시설이 뛰어났던 미국인 병원을 중심으로 1950년대부터 개발된 신도시다. 자녀가 태어나면 여러모로 편리한 시설을 이용하며 살 수 있다. 또 파리 중심부와 달리 사교육이 활성화되어 있어 사녀를 학업으로 성공시키려는 사람, 특히 미국 유학이나 프랑스 정부 고위층 진입에 필요한 각종 고시를 노리는

상위 중산층이 모여 산다.

프랑스인은 프랑스에서 가장 자본주의적인 대통령이라는 사르코지 전 대통령을 '전형적인 뇌이쉬르센 사람'이라고 말한다. 프랑스는 1·2차 세계대전이 끝난 1950년대에 미국의 전후 복구 지원 사업인 마셜 플랜 지원금으로 대량생산 국가로 진입했다. 이때 재벌 카르텔인 '상 파밀리에'가 생겼다. 이들이 뇌이쉬르센에 모여 살면서 차고와 수영장, 잔디밭이 딸린 미국식 주택을 짓기 시작한 뒤 이곳은 오늘날 프랑스에서 사교육, 입시 경쟁, 명품 소비, 아파트 단지나 평수 경쟁과 차별, 호화 결혼식장이나 고가의 웨딩드레스 등 미국식 자본주의 문화를 가장 많이 흡수한 도시로 성장했다.

이 동네에서 태어난 아이들은 우리나라 '교육특구' 아이들이 그렇듯 유치원도 들어가기 전부터 프랑스의 최고 명문학교로 알려진 그랑제콜 입학 관문을 향해 달리기 시작한다. 사회적 성공을 꿈꾸는 프랑스인의 그랑제콜에 대한 집착은 대학 평준화 과정에서 생긴 부작용 중 하나다. 근대 이전에 프랑스의 대학 교육은 주로 가톨릭교회에서 담당해 왔다. 그런데 프랑스혁명 이후 가톨릭교회까지 숙청 대상이 되면서 대학 교육이 마비됨에 따라 혁명정부는 새로운 나라를 이끌어갈 각 분야의 인재를 키우기 위해 특수학교를 설립했다. 68혁명 이후 프랑스의 대학은 모두 평준화되었지만, 이 특수학교만은 평준화에서 제외되어 지금 프랑스의 독특한 대학교육 체제를 이루게 되었다. 오늘날 그랑제콜로 부르는 이 특수학교는 고등행정학교Ecole Normale d'Administration, 고등정치학교Ecole de Science Politique, 고등사범학교Ecole Normale Superieur, 국립도로광산학교Ecole de Chausse et des Mines 등이 있다.

프랑스에서는 19세기 이후부터 그랑제콜 출신의 인재가 국가와 군대, 지식인 사회를 두루 장악하고 있다. 대학이 평준화되면서 소르본대학 등이 더는 신분 계급을 보장해주지 못하게 되자, 자녀 교육에 관심이 많고 사교육비를 부담할 수 있는 프랑스 부유층은 자녀를 그랑제콜에 보내는 데 열을 올리는 것이다.

뇌이쉬르센에서 나고 자란 학생은 고등학교를 졸업하면 대학으로 직행하는 대신 '프레파Prépa'라고 부르는 그랑제콜 예비학교로 간다. 이곳에서는 그랑제콜 입학에 필요한 토론과 논술 능력을 길러주기 위해 스카우트한 석박사급 선생님과 소그룹을 지어 공부한다. 특히 고등정치학교나 고등행정학교 입학을 준비하는 문과 프레파 학생은 속어로 '이포캉hypokhâgne'이라고 부른다. 고대 그리스어로 'hypo'는 '하급'을 뜻하고, 'cagneux'는 삐삐 말랐다는 의미다. 즉 이포캉은 출세하기 위해 공부하느라 '삐삐 마른 하급생'이라는 뜻이다. 그랑제콜은 선후배 관계가 엄격하고, 특히 '비쥐타주bizutage'라는 잔인한 신입생 신고식으로 유명하다. 하지만 그랑제콜 학생들은 프랑스 사회의 엘리트가 되는 통과의례로 생각하며 기꺼이 어려움을 감수한다. 프랑스에서 '성공에 대한 욕망'이 가장 적나라하게 표출되는 곳이 바로 이곳이다. 나는 프랑스에서 이포캉의 선후배, 친구관계가 얼마나 오랫동안 이어지는지를 보고 놀랄 때가 많았다.

노라는 고등학교를 졸업하고 그 어렵다는 이포캉에 합격했다. 하지만 곧 그만두고 그랑제콜에 입학하지 않았다. 그녀는 가족과 함께 미국을 여행하다가 커피에 꽂혔다고 한다. 프랑스에서 커피의 역사는 유구하지만, 커피 문화는 매우 보수적이다. 예를 들어 프랑스 카페의 메뉴는 매우 단순하다. 에스프레소(그냥 '커피'를 달라고 하면 대체로 이것을 준다), 알롱제allongé(길게 빼다라는 뜻으로, 에스프레소에 물을 타서 흐리게 마시는 커피), 두블double(커피 농도는 같지만 양을 늘린 커피), 크렘crème(우유 크림을 얹은 커피) 정도가 메뉴의 전부다. 게다가 메뉴판에 적혀 있지도 않다. 우리나라 카페에서 그 흔한 모카, 드립, 마키아토, 심지어는 아이스커피 같은 것은 눈 씻고도 찾아볼 수 없다. 또한 우리나라 커피 애호가들은 케냐, 브라질, 인도네시아, 과테말라 등 원두의 원산지를 골라 마시기도 하는데, 파리의 모든 카페의 원두는 '리샤르 프레레 Richard Frères'라는 한 회사에서 나온다. 이 회사의 원두는 20세기 초반 파리 노동자의 취향에 맞추어 반쯤 태워 신맛이 강하게 로스팅 하는 것이 특징이다.

그렇다 보니 프랑스는 오랫동안 커피 문화가 발전하지 못했다. 노라는 미국 여행 중 캘리포니아 카페에 들렀다가 카페마다 자기만의 원두 블렌딩이 있고, 캐러멜, 소금, 향신료, 술 등을 커피에 자유롭게 섞어 바리스타만의 시그니처 커피를 만드는 모습에 놀랐다고 한다. 그래서 프랑스로 돌아오자마자 이포캉을 때려치우고 캘리포니아에 있는 커피 시음사 학교로 전학했다. 지금은 친구와 함께 파리에 캘리포니아식 드립커피 바를 차리고, 커피가 공정한 방식으로 재배되고 납품되는지 감시하는 비영리 단체에서 일한다.

그런데 노라는 요즘도 이포캉 동창생과 자주 만난다. 나는 그 말을 듣고 약간 의아했다. 이포캉에서 그랑제콜에 진학한 그룹과, 중간에 그만두거나 시험에 떨어진 그룹은 사이가 어색하지 않을까 하는 선입견이 있었기 때문이다. 사실 그랑제콜의 입학 관문은 워낙 좁아서 이포캉 중에서도 소수만 합격한다. 우리나라에서 로스쿨을 졸업하고 법조인이 된 그룹과, 그렇지 못한 그룹 사이에는 아무래도 어색함이 있지 않겠는가? 내가 어릴 때 부모님의 한 지인 분은 우리나라 최고 명문대 법대를 졸업하고 국내 유명 은행에서 임원으로 일하면서 벤처 투자로 돈도 많이 버셨다. 그런데 그분은 술만 마시면 법조인을 흉보셨다. 말끝마다 "내가 ○○법대 나와서 사시 못 붙은 놈이잖아. 그런데 지금은 내가 돈이 더 많아"라고 하셨는데, 어딘지 낙오자의 자기 위로 같다는 생각이 들어 연민을 느끼곤 한 기억도 난다.

하지만 노라와 이포캉 동창생 사이에는 그런 분위기가 전혀 없었다. 그냥 어릴 때 친하던 친구들을 만나는 느낌이었다. 실제로 이들

동창생이 만나면 직업과 관련된 이야기는 아예 꺼내지도 않고 지극히 개인적인 이야기만 했다. 거의 남자친구 홍보기 같은 연애사나 육아에 관한 화제였다.

음식점을 운영하는 내 친구 뱅상 역시 이포캉을 다니던 중 아버지가 돌아가시면서 그만두었다. 내가 그를 처음 만났을 때 그는 웨이터로 일하고 있었는데, 이포캉 친구들이 자주 와서 밥을 먹었다. 뱅상은 그들과 함께 앉아서 음식점에서 일하면서 고생한 이야기를 털어놓곤 했다.

노라나 뱅상이 친구들과 나누는 이야기를 듣다 보면 누가 성공했다느니 또는 실패했다느니 하는 분위기는 전혀 없었다. 그저 인생의 어느 한 기간에 같은 배를 타고 여행한 친구지만 지금은 저마다 다른 항구에서 내려 자기 갈 길을 간 사람들 같았다.

조금 다른
성공의 기준

———— 노라의 이포캉 동창생 중에 에밀리가 있다. 에밀리는 이포캉을 졸업하고 그랑제콜인 고등상업학교Haute Ecole de Commerce를 마친 뒤 현재 프랑스에서 가장 큰 은행인 SG에서 근무한다. 그녀는 내가 아는 프랑스인 중 가장 미국식 자본주의에 걸맞은 사람이다. 그녀는 대형 컨설팅 회사와 금융회사에 몸값을 높여 스카우트되는 데 귀재이며, 뉴욕, 런던, 파리의 메이저 금융 회사를 두루 돌며 일했다. 그녀는 내가 아는 젊은 프랑스인 가운데 유일하게 골프를 친다. 친구들은 그녀가 골프를 쳤다고 하면 킥킥 웃는다. 프랑스인에게 골프란 전형적인 미국 중년 부유층 남성의 스포츠라는 이미지가 박혀 있어서 젊은 프랑스 여성이 골프를 친다는 사실 자체가 조금 우스꽝스럽기 때문이다. 그래서 친구들은 에밀리에게 서슴없이 이런 농담을 던지기도

한다.

"좀 더 성공하면 트럼프랑 같이 놀겠네."

노라와 에밀리는 여전히 친하게 지낸다. 노라는 에밀리가 어릴 때부터 누군가 자기보다 성적이 높으면 견디지 못하는 성격이었고, 자본주의에 딱 맞는 친구로, 자기가 원하는 인생길을 갔다고 말했다. 다만 에밀리가 미국의 중서부 사람처럼 일찍 결혼해 잔디밭 있는 집에서 아이들과 같이 차를 끌고 다니며 캠핑을 하는 꿈을 꾸었지만, 이루지 못해 안됐다고 말했다. 프랑스 남자들이 겁쟁이라서 경쟁심이 강한 여성을 결혼 상대로 꺼리기 때문이라고 했다.

나는 기본적으로 한국과 미국식 교육을 받은 사람이어서 프랑스에 대학 졸업자가 많지 않다는 사실에 크게 놀랐다. 프랑스인은 대학 진학을 학문 연구나 깊은 사색을 하고 싶은 사람이 선택하는 사치스러운 일로 여긴다. 진짜 일을 배우려면 대학 대신 전문학교로 가서 교육을 받는 것이 당연하다는 것이다.

나는 라디오 방송국 PD로 일하는 여성친구와, 텔레비전 방송국 PD로 일하는 남성친구가 한 명씩 있는데 둘 다 대학 졸업자가 아니다. 여자 PD는 고등학교를 졸업하고 2년제 '언론 전문학교'를 나와 선배 PD를 따라 다니면서 경력을 쌓은 후에 정식 PD가 되었다. 남자 PD는 텔레비전 카메라 감독의 짐을 정리해주는 알바를 하다가 카메라 감독으로부터 성실함을 인정받아 견습생이 되었고, 스태프와의

술자리에서 스치듯이 새로운 프로그램 아이디어를 말한 것이 계기가
되어 PD가 되었다고 한다. 프랑스 청년들은 대학 졸업장이 취업에 별
도움이 안 된다는 사실을 잘 알고 있으며, 학문을 배우려고 대학에 입
학했다가 취업을 하기 위해 전문학교에 재입학하는 경우도 많다.

프랑스에서 성공한 사람들이 청소년을 대상으로 강연하면, 꼭 '공
부 열심히 해서 훌륭한 사람이 되라'라고 하지 않는다. 프랑스 최고의
배우 중 한 명인 파브리스 루치니Fabrice Luchini는 자기의 학창 시절에
대해서 이렇게 말했다.

"저는 완전 무능했죠. 사람들이 나에게 무슨 말을 하는지 전혀 이
해 못 했어요. 지식을 쌓아야 한다는 생각, 그리고 인간의 욕망을 일
깨우는 것에 대한 게으름에 의해서 자아가 으깨지는 것 같았습니다.
똑똑한 아이가 되어 경쟁을 해야 된다는 생각에 숨이 막혔어요."

언어의 마술사라고 불리는 벨기에 코미디언 라이몽 다보스Raymond
Davos는 이렇게 말했다.

"학교를 마치지 않았기 때문에 저는 모든 것을 배웠습니다. 깊은 공
부는 못 했지만 여러 분야에 대한 기초 지식이 있어요. 얼마나 멋진
일입니까? 저는 모든 것에 대한 호기심이 남아 있고, 항상 만족하지
못하죠. 혼자 공부했기 때문에 어딘가 구멍이 있어요."

프랑스에서 대학이 선택사항일 뿐인 이유는 학업으로 성공한 사람
이 많지 않기 때문이기도 하다. 즉 사회 계층 이동성이 한국보다 현저

히 낮다. 자본주의 성숙도가 초기에서 중기 단계로 넘어가고 있는 한국에서는 아직 교육을 통한 계층 사다리에 약간은 틈이 있다. 명문대를 나와서 대기업 공채에 성공하거나 고시에 붙은 소수에게는 여전히 성공의 가능성이 열려 있다. 하지만 자본주의가 이미 수십 년 전에 고도화 단계로 넘어가고 사회 변화가 거의 없으며 국민의 보수적인 소비 취향 때문에 신산업 분야 발전이 더딘 프랑스에서는 이미 형성된 사업에 지분이 없는 사람은 아무리 열심히 공부를 해도 계층 이동이 불가능하다고 보아야 한다.

또 프랑스는 사회 계층이 오랫동안 정체되어 있어서 계층마다 즐기는 문화, 말투, 정서, 가치관이 너무나 다르다. 설령 학업을 통해 상류사회에 진입을 하더라도 음식, 복식, 문화적 식견 등 세밀한 부분에서 차별이 심해, 결국 자기가 살던 동네와 계층으로 다시 내려오는 사람도 많다. 사회적 성공의 비용이 너무 비싸고, 그것이 가져다주는 만족감이 워낙 낮기 때문에 성공을 위해 올인하는 것은 프랑스 사람에게 너무 '가성비'가 낮은 선택이 된다.

이렇게 프랑스에서는 학업이 바로 사회적 계층 상승으로 이어지지 않기 때문에 대학 진학률이 낮다. 프랑스 국립통계경제연구소INSEE의 자료에 따르면, 프랑스의 학사-박사 학위생은 프랑스 전체 인구의 약 23퍼센트로, 우리나라의 2016년 대학 진학률 약 70퍼센트에 비하면 절반도 안 된다. 그에 비해서 직업과 직접 관련된 전문학교를 졸업하는 사람은 전체의 17퍼센트에 이른다.

이런 점 때문에 프랑스 청년은 한국의 청년보다 훨씬 유리한 입지에서 사회생활을 시작할 수 있다. 예를 들어 내 친구가 운영하는 레스토랑의 수석 셰프는 14살에 중학교를 졸업하고 요리전문고등학교에 갔다. 그 학교는 오전에는 일반 고등학교와 같은 수업을 하지만, 오후에는 동네의 여러 음식점을 돌아가면서 8학기 동안 일하게 한다. 그래서 그는 16살에 견습생 타이틀을 달고 18살에 요리사 자격증을 땄다. 24살에는 요리전문학교 실습까지 포함 10년 경력을 인정받아 큰 음식점의 부요리장이 되었고, 29살이 되어서는 지금의 자리에 올랐다. 그는 이미 지난 10년 동안 저금한 돈이 한국 돈으로 1억 원에 이르고, 월급여는 950만 원이나 된다.

우리나라에서는 대부분의 부모가 자녀의 명문대 입학을 목표로 사교육을 시키는 데 돈을 많이 쓰느라 내 집 마련조차 못한 경우가 많다고 들었다. 그렇게 부모님의 뒷바라지를 받고 대학에 들어간 뒤 졸업을 하면 만 23살 정도 된다. 그때부터 직장을 찾아 1년 정도 애를 쓴 뒤에 큰 기업에 입사하는 희망을 접고 뒤늦게 요리학교에 들어가면 약 25살이 되어서야 졸업하고, 26살에 처음으로 프로로서 칼을 잡게 되며, 30살에야 겨우 견습생으로 일하게 된다. 물론 남자의 경우 병역 의무를 마치기 위해서 2년 정도가 더 걸린다. 그러다 보니 요리사로서 15년 경력이 되려면 40대 중후반이 되어야 한다. 그때까지 모아놓은 돈도 별로 없는 것이 당연하다. 불필요한 사교육비나 대학 학자금으로 사용한 돈이 빚으로 따라 다닌다면, 결국 요리사의 길을 일찍이 택한 프랑스인과 비교하면 엄청난 차이를 보일 수밖에 없다.

대학을 나온 사람은 겉보기에는 그럴듯하지만 실속이 없는 경우가 많고, 일찍 자기 길을 찾은 사람이 오히려 안정되고 행복한 길을 찾는 경우가 많은 프랑스에서는 자기가 무슨 대학을 나왔고 어떤 기업에서 일하는지가 그다지 성공의 중요한 기준이 되지 못한다. 그래서 내가 아는 프랑스 사람은 대부분 퇴근 후 자기만의 소소한 성취를 이루기 위해 노력하는 사람이 많다.

우리나라나 미국에서 "저 사람은 뭘 하는 분이지?"라고 묻는다면 대부분 그의 직업을 말한다.

"저 사람은 변호사인데, 돈 많이 벌고 있지."

그런데 프랑스에서 같은 질문을 하면 이런 식으로 대답한다.

"변호사로 일해서 번 돈으로 여행 블로그를 하지."

"슈퍼마켓 장사로 돈 벌어서 음악도 배우고 공연도 다니지."

이처럼 프랑스인은 직장을 자신이 정말 하고 싶은 일을 할 수 있게 해주는 일종의 돈줄 역할이라고 인식하는 사람이 많다. 내 프랑스 친구들도 대부분 이렇게 말한다.

"직장에서 인정받는 것으로 행복을 찾으려 하는 것은 아주 멍청한 행동이야."

요즘 한창 유행하는 '워라벨'은 상상도 할 수 없고, '일 자체가 인생의 의미가 되어야 한다'라고 외치는 실리콘 밸리의 구호와는 완전히 딴판이다.

과시소비가
없는 사회

         자신이 아무리 노력해도 더 많은 돈을 벌 수 없는 사회라면 돈이 많다는 것이 자신의 능력이나 인격을 더는 대변해주지 않는다. 그래서 과시소비의 어필이 사라진다. 프랑스 사회가 그렇다.

    또한 프랑스인의 극단적인 개인주의 문화는 남의 눈을 전혀 의식하지 않도록 하는 힘이 되어주기도 한다. 남의 눈을 의식한 무리한 소비를 할 필요가 없는 것이다. 더구나 프랑스는 제도적으로 빚을 내기가 몹시 까다로워서 과소비는 생각조차 어렵다. 할부 개념도 거의 없다. 이에 비해 부채 경제가 고도화된 내 미국 친구들은 집이나 차처럼 금액이 큰 것은 물론 소소한 생활용품까지 일단 카드 할부로 사고 나중에 일해서 갚는 경우가 많다. 프랑스는 세계인의 과시소비를 조장하는 명품 브랜드가 즐비한 곳이지만, 막상 그 국민들은 소득수준에 비해 내가 살아본 나라 중에 과시소비 경향이 가장 약하다.

내가 처음에 프랑스에 공부하러 가서 놀란 것 중 하나는 대부분의 사람에게 신용카드가 없다는 것이다. 프랑스인은 대부분 신용카드 대신 '은행카드Carte Bancaire'라는 것을 쓰는데, 우리나라의 체크카드와 비슷하다. 자기 통장 잔고 범위 안에서만 카드를 쓸 수 있을 뿐 아니라 미리 은행에 약속해둔 하루나 3일 그리고 1주일 예산보다 많이 쓰면 바로 지불이 거부된다. 이처럼 프랑스인은 일단 제도적으로 지출을 계획에 맞추어 규모 있게 하므로 같은 수입의 한국인과 비교하면 돈 씀씀이가 매우 소박하다.

내가 프랑스에서 친구네 레스토랑에서 아르바이트를 하면서 새로운 미래를 모색하던 때였다. 당시 친구도 이제 막 음식점을 열어서 돈에 쪼들리기는 마찬가지였지만, 그와 나는 4개월 동안 반지하방에서 동고동락 했다. 그런데 우리가 사는 건물 꼭대기에는 프랑스의 유명 대기업에서 법률고문으로 일하는 성공한 변호사가 아이 넷을 기르며 살았다. 어느 날 그 변호사가 우연히 자기 조카가 내 친구의 동창생임을 알고는 우리를 저녁식사에 초대했다. 그 집에 들어가 보니 아이 넷을 키우는 집이라고 하기에는 많이 좁았다. 어림잡아 30평이 채 되지 않았다. 게다가 냉장고는 내 미국 대학 기숙사에 있던 1인용 크기였고, 에어컨도 없었다. 그가 집에서 기징 자랑스러워하는 두 가지 물건은 할아버지가 영국 부자와의 포커 게임에서 딴 1960년대 앤티크 손목시계와, 출퇴근에 쓰는 최신형 3륜 푸조 스쿠터였다. 우리나라라면 글로벌 대기업 법률고문이 스쿠터를 타고 출퇴근한다는 것을 상상하기 힘들 것이다. 물론 우리나라에서도 5천만 원짜리 자동차를 할부 없이 현금 일시불로 사야 한다거나, 땅값이 너무 비싸 공공 주차장에 매달 60~100만 원을 주차료로 내야 한다면 프랑스인처럼 알뜰하게 소비를 하게 될 것 같기는 하다.

강제적이건 자발적이건 프랑스인의 소비수준은 다른 나라의 비슷한 수입을 가진 사람들에 비해 훨씬 낮다. 빚을 낼 수 없기에 한국인보다 물질적 풍요를 덜 누릴지는 몰라도 가계 빚이 거의 없으므로 훨씬 여유롭다. 그래서 프랑스인은 갑자기 직장을 그만두어도 미국이나 한국인에 비해 큰 타격이 없다. 우리나라나 미국에서는 많은 직장인이 직장을 그만두고 싶어도 끝내 실행하지 못하고 주저앉게 되는 중요한 이유를 이렇게 푸념처럼 말한다.

"그놈의 할부만 아니었어도…"

수입이 끊어지면 당장 돌아올 카드 결제일이 공포로 다가오는 것이다. 부채가 일상인 미국도 사정은 마찬가지여서, 우디 앨런이 감독한 영화 〈블루 재스민Blue Jasmine〉은 월스트리트의 잘나가는 금융인 집안도 갑자기 돈이 끊어지자 얼마나 비참하게 추락하는지를 실감나게 보여주어 큰 인기를 얻었다.

프랑스인 중에서도 특히 시골 사람은 부채에 더욱 민감하다. 2차 세계대전을 겪은 노년층과 그 바로 아래 세대 자녀들은 어떤 풍파가 닥쳐도 안정되게 살려고 항상 만약의 경우를 대비해 집 안에 일정액의 현금을 보유하고 있다. 심지어 현재는 유통되지 않는 나폴레옹 시대의 금전을 몇 개씩 가지고 있는 사람도 제법 많다. 종이로 만든 돈은 휴지 조각이 되더라도 '금은 영원히 금'이라는 논리다. 전쟁을 여러 차례 거치면서 지폐가 하루아침에 휴지 조각이 되어 고생한 기억이 아직도 깊게 남아 있기 때문일 것이다.

집에 보관하는 비상용 현금은 프랑스인이 직장생활이 힘들 때 쉽게 그만두고 새로운 선택을 할 수 있게 해주는 원동력인 것 같다. 많은 프랑스 영화가 변호사나 대기업을 호기롭게 그만두고 자기가 어렸을 때부터 하고 싶었던 일을 시작하는 사람들 이야기를 다루는 것도 그런 프랑스 사회의 한 단면을 보여주는 것이라고 본다.

변호사가 되었지만 어린 시절부터 좋아하던 승마를 선택해 1988년 서울 올림픽에서 우승한 선수의 일화인 〈자펠룹Jappeloup〉, 글로벌 대기업을 다니다 그만두고 고향에 돌아가 치유를 얻게 되는 〈이성의 시대L'age de Raison〉 등의 영화는 프랑스인이 '내가 이 일을 해야 하기 때문에 하는 것'이 아니라 '하고 싶기 때문에 하는 것'이라고 생각하며 살고 싶어 한다는 것을 잘 보여준다. 그리고 이런 자유가 프랑스인이 평소에 돈에 대해서 덜 집착하고 돈을 성공의 척도로 보지 않는 여유를 만들어 주는지도 모른다.

프랑스 사람은
무엇을 위해 돈을 버나

        물론 자본주의 사회에서 돈이 중요하지 않다고 말할 사람은 없을 것이다. 당연히 프랑스인도 마찬가지다. 하지만 돈이 많이 생겼을 때 무엇에 돈을 쓰는지에 따라 부나 성공의 척도는 달라지는 것 같다. 사실 프랑스인은 지독한 물질주의자이다. 여기서 물질주의자란 돈만 밝히는 사람이라는 뜻이 아니라, 사회적 시선이나 기호보다 물질 자체를 너무 좋아한다는 것이다. 프랑스인은 돈이 생기면 주로 눈에 아름답거나, 촉감이 부드럽거나, 향기가 좋은 물건을 사는 데 쓴다. 그래서 감촉 좋은 이불 시트나, 향기 좋은 아프리카의 몰약, 향초 비누 등의 소비량이 다른 나라에 비해 상당히 높다.

    프랑스인의 소비에서 볼 수 있는 특징은 사회적 소비가 아니라 개인의 물질적 소비라고 말할 수 있다. 일터에서 집으로 돌아오면 혼자 집 안에 좋은 향초를 켜놓고, 음질 좋은 음향기기로 음악을 듣거나, 귀한 천으로 만든 이불을 뒤집어쓸 때 느끼는 감각을 좋아한다. 이런 즐거움은 내가 소유한 물건이 남에게 나를 대변해주기 때문에 느끼는 즐거움이 아니라, 남에게 과시할 수 없는 물건 자체의 촉감과 향이 주는 즐거움이다. 미국의 프랑스 출신 비교문화학자 클로테르 라파유Clotaire Rapaille는 프랑스인이 다른 나라 사람에 비해 '센스', 즉 오감에 돈을 많이 지출한다고 말했다.

그렇다면 프랑스에서 돈이 많은 부자들의 인생은 어떨까?

프랑스의 발루아르Valloir는 파리에서 고속열차로 2시간 거리인 리옹에서 다시 이탈리아 쪽으로 가는 시골 기차로 갈아 타고 서너 시간을 더 가야 나타나는 모리엔Maurienne 계곡에 있다. 이곳은 알프스의 깊은 산골짜기 마을이지만, 멋지고 화려한 산장이 빽빽이 들어서 있다. 내가 알프스에서 자전거를 타고 산길을 가다가 이 동네를 지나친 적이 몇 번 있는데, 여름에는 빵 한 조각 사먹을 곳이 없는 삭막한 곳이다. 부자들이 겨울에 오는 별장이 많다 보니 여름에는 텅텅 비어 있는 것이다.

한번은 화려한 산장의 내부가 궁금해서 커튼이 덜 가려진 커다란 창으로 들여다본 적이 있는데, 유명 디자이너가 만든 것으로 보이는 멋진 가구와 조명기구, 그리고 요리 프로그램을 촬영해도 될 정도로 시설을 잘 갖춘 부엌이 있었다. 이 동네의 작은 기차역 맞이방에는 가끔 섹시한 옷차림의 젊은 여성들의 모습을 볼 수 있었는데, 프랑스인 친구 말로는 그 여자들은 프랑스 고위층의 비밀 애인이라고 했다. 스캔들을 피해 스키 시즌이 아닌 여름에 이곳에서 은밀히 만난다는 것이다.

이 마을은 11월 말이면 '성공한' 프랑스인의 놀이터로 변해 북적인다. 딱히 사무실에 출근해 일할 필요가 없으며, 아랫사람들이 이런 산골까지 찾아올 정도의 부와 권력을 가진 상류층의 놀이터라고 생각하면 된다. 그들은 이 마을에 묵으며 낮에는 알프스에 리프트를 타고 올라가 스키를 타고 놀다가 저녁이 되면 비슷한 부류의 사람들을 초대해 와인을 마시고 만찬 파티를 열면서 흥겨운 시간을 보낸다고 한다.

프랑스인은 남들이 생계를 위해 일할 때 자기는 놀아도 된다는 여유, 남들이 파리에 남아 동분서주 할 때 깊은 알프스 산 속 화려한 별장에서 즐거운 시간을 보낼 수 있는 자유를 성공의 척도로 삼는 경우가 많다. 프랑스 상류층은 여름에 우리나라 텔레비전 프로에 나왔던 스페인의 테네리페Teneriffe 같은 섬에 들어가 농가에서 오렌지를 따고 해수욕을 하거나, 프랑스 남부의 생트로페Saint-Tropez 같은 동네에서 수상 스포츠, 특히 윈드서핑이나 바다낚시를 하는 것을 가장 돈을 잘 쓴 것으로 본다고 한다. 다시 말하면 생계를 위해 전혀 시간을 쓰지 않고 풀타임으로 인생의 자극을 만끽할 수 있는 사람이 모든 프랑스인의 선망 대상인 것이다.

미국이나 우리나라 같은 곳에서는 성취가 성공의 척도라면 프랑스인에게는 노동으로부터의 자유, 그리고 자기가 즐기는 레저 스포츠나 식사 같은 이벤트에 얼마나 많은 시간과 돈을 쓸 수 있는지를 성공의 척도로 본다고 생각하면 맞을 것이다.

얼마 전 우리나라를 뒤흔든 탄핵 정국 당시 나는 나이가 70이 넘은 몇몇 정치인이 수사 당국에 불려 나와 진술하는 것을 보면서 여러 생각을 했다. 특히 인생의 마지막을 준비해야 할 나이가 되어서도 권력에 미련을 버리지 못하는 모습은 돈을 벌어도 쓰고 즐기지 못하는 우리 사회와 닮은 것 같았다. 권력을 놓치지 않기 위해 온갖 권모술수를 부리며 추악해지기 전에 '적당한' 때에 미련 없이 물러나 경치 좋은 곳을 두루 다니며 그림을 그린다거나 낚시를 한다거나 하면서 여유롭게 살았다면, 그래서 더 젊고 진취적인 사람들이 일할 수 있도록 자리를 비워주었다면 우리나라는 지금과 사뭇 다른 나라가 되지 않았을까? 돈을 벌어도 쓰지 못하고 권력을 잡은 뒤 놓지 못하는, 돈과 권력 자체가 목적이 되어버린 사회는 이미 돈도 큰 의미가 없는 사회라고 할 수 있다.

프랑스인이 돈을 벌 때는 명확한 목적이 있다. 노동에서 스스로를 해방시키기 위해서다. 영국인은 프랑스인에 대해 '한 달의 휴가를 위해서 1년을 산다'라고 말하곤 한다. 프랑스는 미테랑 대통령 시대부터 주 35시간 노동제를 도입했고, 기업도 학교처럼 여름방학이 있다. 미테랑 대통령이 이 제도를 도입한 이유는 사실 프랑스의 침체된 경제를 발전시키기 위해서였다. 1·2차 세계대전이라는 사상 초유의 전쟁으로 처참하게 피폐해진 프랑스는 재건사업에 온 힘을 기울였다. 재건사업이 끝나면서 일자리가 급감하자 정부는 실업률이 높아지지 않도록 국민의 노동시간을 줄였다. 또한 도시와 농촌의 경제적 격차를 해소하려고 직장인에게 긴 휴가를 주었다. 도시에서 번 돈을 최대한 시골에서 쓰도록 장려한 것이다.

파리는 7월 말부터 8월 초에 유령 마을같이 텅 빈다. 프랑스 기업과 일해본 사람은 7월 말에 중요한 사업 이메일을 프랑스에 보내면 휴가철이 끝나는 9월에야 답장이 온다는 사실을 잘 알 것이다. 프랑스인은 연초부터 휴가 계획을 세우며, 9월이 되면 모든 대화 주제가 휴가를 어떻게 보냈는지에 쏠린다. 어느 동네에서 어떤 새로운 스포츠나 요리를 경험했고, 어떤 새로운 사람을 만났으며, 특히 바캉스 로맨스를 어떻게 즐겼는지에 따라 그해 삶의 질이 결정된다.

돈을 버는 것은 일하지 않고 노는 즐거움을 누리기 위한 행위임을 기억하는 나라는 오히려 돈의 혜택을 가장 많이 누리는 나라인지도 모른다. 그래서 지금도 프랑스인에게 성공한 인생이란 휴가를 얼마나 성공적으로 잘 보내는지 여부에 달려 있다고 하는 것이다.

다양한 라이프스타일의
실험실

———— 미국의 많은 지성인이 "프랑스에서 살기는 싫지만 이 세상에 프랑스라는 나라가 존재한다는 사실은 감사하다"라는 말을 자주 한다. 나 역시 그 말을 주위에 자주 한다. 프랑스는 세상에서 제일가는 '실험 국가'이기 때문이다.

프랑스인은 세계 어느 나라보다도 사회 변화가 빨랐고, 또 그 과정에서 수많은 시행착오를 겪음으로써 다른 국가에게 반면교사가 되거나 새로운 방향을 제시하는 길잡이 역할을 많이 해왔다. '성공'이란 것에 대해서도 마찬가지인 것 같다.

프랑스는 베르사유라는 화려한 궁전을 짓고 세계에서 가장 먼저 과시소비로 존재를 증명하는 사회를 만들었다. 그러면서 과시소비의 허무함도 가장 먼저 보여주었다. 당시의 프랑스 사회는 루이14세라는 왕의 옷과 제스처와 가구 등 모든 라이프 스타일을 따라 할 수 있으면 성공한 것으로 여겼다. 그 결과 귀족들이 과시소비에 돈을 너무 많이 탕진해서 줄줄이 도산하기도 했다. 프랑스혁명 이후에는 서민들이 갑자기 얻은 권력을 최대한 이용해서 갖은 모략과 정경유착으로 물불 안 가리고 돈을 번 후 신분 세탁을 하면 성공한 것으로 여기는 사회가 된 적도 있다. 허세를 부리고 싶어 부자 친구의 다이아몬드 목걸이를 빌려 상류사회 파티에 참석했다가 목걸이를 잃어버리고 그 빚을 갚기 위해 평생 궂은일을 다 했는데, 알고 보니 가짜 다이아몬드 목걸이였다는 줄거리로 되어 있는 당대의 소설가 모파상의 〈목걸이〉는 당시 프랑스 사회의 민낯을 보여준다.

또 프랑스는 명예를 성공의 기준으로 삼은 적도 있다. 20세기 초 프랑스 사회는 국가가 수여하는 명예기사 작위Chevalier de la legion d'honneur나 프랑스 국가 아카데미Académie Française 회원에게 주는 칼과 모자 같은 '완장'에 집착했다. 드골 대통령 이후에 뇌이쉬르센 신도시가 조성되었을 때는 미국인이 가진 물질적 풍요가 성공 기준이 된 적도 있고, 1968년 학생항쟁 후에는 정치적 영향력과 사회를 바꾸는 힘이 성공의 기준이 되었다.

하지만 이 모든 실험 끝에 프랑스 사람이 알게 된 것은 '인생에서 성공이라는 것은 없다'이다. 오히려 앞서 말한 벨기에 코미디언 다보스처럼 어딘가 채워지지 않는 그 배고픔 자체가 인생이라는 것을 알고 즐기는 것이다.

성공이란 내 인생의 목표가 해소되는 시점을 말한다. 나는 만약 내 인생에 군건한 목표가 있다면 그 목표는 절대로 이루어지지 않아야 한다고 본다. 목표가 실현되면 그 이후에 무엇을 할 것인가? 꿈은 꿈일 때 멋지지 막상 현실이 되면 허망하다. 성공의 순간 인생의 방향을 잃어버리고 오히려 전보다 불행해진 사람의 예는 수도 없이 많다. 요즘 실리콘밸리의 스타 CEO들이 돈을 번 후 혐오 발언이나 성폭행으로 커리어를 망치는 것을 보면서, 꿈은 이루지 않아야 하기 때문에 꿈이라고 부르는 것이 아닌가라는 생각을 많이 한다. 꿈을 꿈으로 남겨둘 용기가 없는 사회는 자꾸 사람에게 '꿈을 이루어라'라고 말하고 그것을 행복이라고 가르친다.

어떤 목표를 이루는 것으로 내 인생의 성패를 판단하는 것이 아니라 그 시간에 먹고 놀면서 느끼는 '즐거움'만이 있다는 것을 인정한다면 어떨까? 어쩌면 프랑스인은 진짜 성공한 인생이란 성공하려고 발버둥치지 않아도 되는 인생이고, 진짜 행복한 인생은 행복이란 것을 믿지 않고 주어진 순간에 충실한 인생일 수 있다는 결론을 오랜 시행착오 끝에 얻은 것은 아닐까?

연애의 문명

프랑스인은 모든 자유는 성적 자유에서 출발한다고 굳건히 믿는다. 이성을 사랑하는 부드러운 마음으로 내가 사는 마을을 사랑하고, 내가 자란 땅을 사랑하고, 그 땅에서 자란 음식을 사랑한다.

'아름다움 자체가
곧 윤리'

_____ 1897년 프랑스 시인 테오도르 드 방빌Théodore de Banville이 쓴 〈펜테실레아Penthesilea〉는 '트로이 전쟁'의 뒷이야기로 알려진 아마존 여전사 '펜테실레아'와 그리스의 영웅 '아킬레스'의 이야기가 모티브다. 그리스 연합군의 침공으로 트로이가 위기를 맞자 여러 나라가 트로이를 도우러 왔다. 그중에는 활을 잘 쏘는 여인족인 아마존족이 있었는데, 족장이 펜테실레아였다. 그녀는 어찌나 활을 잘 쏘았는지 전투에서 큰 공을 세우지만, 끝내 아킬레스에게 패배한 뒤 전사한다. 그런데 아킬레스는 펜테실레아의 갑옷을 벗기다가 그녀의 아름다움에 반해 단숨에 사랑에 빠져버렸고, 죽은 그녀를 슬퍼하며 눈물을 흘렸다.

방빌은 이 장면을 이렇게 묘사했다.

그녀의 입술은 여전히 분노로 일그러져 있었다.

그리고 그녀의 팔 위에는, 마치 거침없는 강물처럼

헝클어진 피범벅의 검은 머리가 흘러내렸다.

신과도 같은 살인자(아킬레스)는 자기의 희생자를 내려다봤다.

영웅의 가슴속에 쓰라린 통증.

어떤 남편도 쓰다듬어줄 자격이 없는

날리는 머리카락의 여전사를

영웅은 바라본다. 여신과도 같이 아름다운 그녀를.

그리고 울었다.

아킬레스는 용맹하기 그지없는 장수였지만, 아름다운 여성을 사랑하고, 그녀의 죽음을 진심으로 슬퍼할 줄 아는 여린 감성의 소유자였다. 그런데 이 장면을 본 아킬레스의 부하 테르시테스Thersites는 성질이 난폭하고 거친 사내로, 아킬레스가 적군이 죽은 것을 슬퍼한다며 비난했다. 그러자 아킬레스는 잠시 울음을 멈추고 주먹을 날려 테르시테스의 머리통을 박살내버렸다. 아름다움 앞에서 감동할 줄 모르는 거친 남자에 대한 처절한 응징이었다. 방빌은 그 장면을 이렇게 읊었다.

마치 작업에 실패해 화난 도공이

제대로 모양이 안 난 도자기를 패대기쳐

큰 소리를 내며 수천 조각으로 깨질 때처럼

아킬레스의 주먹은 그 둔한 두개골을 수백 조각으로 부수었다.

그리고 (테르시테스는) 도살장의 소처럼 쓰러졌다.

아킬레스는 여전히 갑옷 벗은 여전사를 바라보며

눈물을 흘릴 뿐이었다.

 이 시를 보면 테르시테스의 분노도 이해가 된다. 펜테실레아는, 같
은 동네에서 자라 같이 먼 나라로 와 목숨을 걸고 싸운 전우들의 목
숨을 앗아간 적군이다. 애국의 논리로 보나, 우정의 논리로 보나 사실
그리스 군인이 그녀의 죽음을 애도하는 것은 이상하다. 또 테르시테
스는 아킬레스를 위해 목숨을 바쳐 싸운 충신이기도 하다. 따끔한 충
고 한마디쯤 해줄 자격이 있다. 하지만 시인은 테르시테스를 인간 이
하의 사람으로 묘사했다. 그의 '둔한 두개골'을 제대로 모양이 안 난
도자기에 비유했고, 그가 쓰러지는 모습을 도축장에서 죽은 소 같다
고 했다. 그 이유는 '아름다움beaute'이라는 것은 국가보다, 우정보다,
충성보다 위에 있는 절대적 가치라는 것을 이해하지 못한 사람이었
기 때문이다. 인간은 사랑을 하기 위해서 태어났다. 인간을 사랑에 빠
지게 하는 힘이 바로 '아름다움'이라면 이것을 알지 못하는 사람은 완
전한 인간이라고 보기 어렵다는 것이 방빌의 사상이다.

프랑스에는 '아름다움 자체가 곧 윤리'라는 말이 있다. 특히 프랑스의 정치 지도자의 행보를 보면 이 말이 의미하는 바가 이해된다. 세계 대부분 국가에서 많은 사람의 눈에 띄는 자리에 앉은 정치인이라면 물의를 일으키지 않도록 자기의 사생활, 특히 이성 스캔들에 조심하기 마련이다. 하지만 프랑스는 그렇지 않다. 프랑스 전 대통령 프랑수아 올랑드는 야심 있는 프랑스인의 전형이다. 그는 교육열 높은 뇌이쉬르센 출신으로, 3대 그랑제콜인 고등정치학교, 고등행정학교, 고등상업학교를 모두 졸업한 사람이다. 일찍 정치에 입문해 프랑스의 사회당에서 큰 영향력을 행사하게 되었고, 사회당 내 정치적 동료이자 라이벌인 세골렌 루아얄Ségolène Royal과 교제하다가 루아얄이 대통령에 출마한 2007년에 결별했다. 그리고 기자 출신인 발레리 트리에르바일레Valerie Trierweiler와 연애를 시작했다.

거물 정치인의 이런 자유로운 연애 행각은 다른 나라에서는 상상하기 힘들다. 그래서 올랑드 대통령이 여자친구와 함께 외국을 방문해서 공식 행사에 참석하면 '그녀를 영부인으로 의전해야 하는가'라는 이슈로 고민한 나라가 많았다고 한다.

그런데 그가 대통령이 되고 얼마 후, 샴페인을 손에 든 채 스쿠터를 타고 영화배우 줄리 가예트Julie Gayet의 집에 가는 모습이 언론에 포착되었다. 이 사진은 전 세계에 가십 기사로 퍼져 나갔다. 그때 내가 프랑스 친구들에게 현지 반응을 묻자, '창피하다, 얼굴을 들 수가 없다'고들 말했다. 그런데 그 이유가 참으로 프랑스다웠다.

"대통령이란 사람이, 엘리제궁에 좋은 와인도 굉장히 많을 텐데, 저 공장 샴페인을 들고 가다니. 게다가 그 옷차림은 또 뭐람."

또 한 친구는 성숙한 지성미를 가진 발레리는 제쳐두고 젊고 새로운 여성을 찾아가는 그의 선택을 볼 때, 그는 깊은 아름다움보다는 대량생산된 표면적 아름다움을 추구하는 사람이므로 그런 사람을 존중할 수 없다며 이렇게 말했다.

"그것이 미테랑과 올랑드의 차이지. 두 사람은 급이 달라."

이처럼 올랑드 대통령을 향한 프랑스인의 비판은 무슨 도덕성에 관한 것이 아니라 미적인 감각에 대한 것이었다.

그의 뒤를 이어 프랑스의 대통령이 된 에마뉘엘 마크롱 역시 프랑스의 '경기고등학교'라고 불리는 앙리4세고등학교를 졸업하고, 고등정치학교와 고등행정학교를 졸업해 그랑제콜 2관왕을 한 사람이다. 1977년생인 그는 엄마뻘인 1953년생의 이혼 경력이 있는 교사와 결혼했다. 프랑스 친구들에게 이런 대통령의 연애사를 묻자 그들은 그저 "귀여운 커플"이라고만 대답했다.

할리우드 배우 출신으로 미국 캘리포니아 주지사를 지낸 아널드 슈워제네거는 배우 시절 "나는 케네디 가문과 결혼하는 것이 꿈"이라고 밀했나. 그는 결국 케네디 가문 여성과 결혼했고, 정치에 입문해 캘리포니아 주지사가 되었다. 미국처럼 연애를 자유롭게 하는 듯이 보이는 나라도 정치인은 어떤 이성관계가 자기 정치 행로에 도움이 되고 해가 되는지를 고려해서 선택하는 것이 보통이다. 미국에서도 대부분 자유분방한 연애는 무책임한 사람이나 하는 것이라고 생각한다.

일국의 국가원수 중에 동거하는 여성이 바뀌는 경우나, 엄마뻘의 이혼 여성과 결혼한 경력이 있는 경우는 프랑스 말고는 없을 것이다. 오히려 프랑스에서는 나이 들 때까지 정치적 성공을 위해 독신으로 살다가 '나는 나라와 결혼했다'라고 주장하는 정치인을 더 이상하게 바라볼 것이다. 사랑을 위해서 모든 것을 내던질 용기조차 없는 사람이 어떻게 세상에서 가장 아름다운 나라의 대통령이 될 자격이 있느냐면서 말이다.

세상에서
가장 아름다운 나라

———— 옴니아 빈키트 아모르Omnia vincit amor(사랑은 모든 것을 이긴다).

로마 시인 베르길리우스Publius Vergilius Maro의 시에 나오는 말이다. 사람을 사랑에 빠지게 하는 것은 아름다움이다. 사랑이 인간에게 가장 강력한 감정이라면 그것을 자극하는 '아름다움'이라는 관념은 세상에서 가장 강력한 무기일 수 있다. 아름다움을 무기로 사용할 줄 아는 것을 프랑스 사람들은 '세뒥숑seduction'이라고 부르는데, 이것은 개인이나 국가가 가질 수 있는 가장 강력한 무기다. 앞에서 로렐린이 딸에게 남자친구 사귀는 방법을 가르친 이유는 당연히 딸의 행복을 위해서지만, 이 세뒥숑이라는 누기 없이는 프랑스의 사회생활에서 살아남기 힘들기 때문이기도 하다.

프랑스 정계의 뒷이야기를 다룬《섹수스 폴리티쿠스Sexus Politicus》라는 책에는 '마담 빌리'라고 부르는 미스터리한 여성이 등장한다. 마담 빌리의 역할은 프랑스를 찾은 외국 정상이 반할 수밖에 없는 매혹적인 여성을 골라 만남을 주선하는 일이라고 한다. 프랑스에 비밀 애인이 생긴 외국 정상은 결국 프랑스를 사랑하게 되고, 자기도 모르게 프랑스에 유리한 정책을 편다는 것이다. 사실 여부를 확인하기는 어렵지만, 정말 프랑스다운 음모론임에는 확실하다. 사랑과 '미(美)'라는 무기 앞에서 사람은 조국도 배신하게 된다고 믿는 사람이 만들어낼 수 있는 음모론 말이다.

베트남의 마지막 황제 바오 다이Bao Dai는 여섯 번 결혼을 했는데, 마지막 부인인 모니크 뱅 튀Monique Vinh Thuy(결혼 전 이름은 모니크 바도Monique Baudot)는 프랑스 여인이었다. 태평양 전쟁 때 일본이 베트남에서 프랑스군을 물리치자 바오 다이의 항복을 받으러 온 일본 외교관의 부인도 프랑스인이었다고 한다. 두 프랑스 여성이 중재를 하는 가운데 베트남의 운명을 건 묘한 협상이 이루어졌다. 이밖에 아프리카에도 프랑스 출신 영부인이 많다. 코트디부아르의 영부인이었던 도미니크 우아타라Dominique Ouattara, 세네갈 대통령의 영부인을 지낸 비비안 웨이드Viviane Wade 등이 그 예다.

아무리 돈이 많거나 힘이 세도 아무도 좋아하지 않는 사람은 사회에서 힘을 쓰지 못한다. 나라도 마찬가지다. 프랑스는 이 사실을 잘 안다. 강대국이 되려면 우수한 경제력과 기술력, 강력한 군사력도 있어야 하지만 그보다 쉬운 방법은 최대한 많은 사람이 프랑스를 사랑하게 만드는 것이다. 프랑스인은 전 세계인이 프랑스를 사랑하게 만들려고 갖은 애를 쓴다. 2016년 파리 관광청에서 만든 광고에도 젊은 커플 관광객이 파리 거리를 손잡고 누비며 거침없이 키스하는 모습을 콜라주했다. '파리에 함께 방문한 커플은 다른 커플보다 네 배 오래 사귄다'라는 근거 없는 통계를 배포하기도 한다.

심지어 〈외교〉라는 영화에서는 나치가 파리를 폭파하려고 하자, 프랑스 사람도 아닌, 파리를 너무나 사랑하는 북유럽 출신 외교관이 나치 장교를 설득해 폭파를 막는 장면이 나온다. 이처럼 파리를 사랑하는 사람이 많다는 것이 곧 프랑스의 힘이다. 우리가 '체력은 국력'이라고 배웠다면 프랑스인에게 '매력은 곧 국력'일 것이다.

세계 아름다움의 본가인 프랑스에는 아름다움과 관련된 수많은 프로젝트가 있다. 예를 들어서 '프랑스에서 가장 아름다운 100개 마을'을 선정해 카탈로그를 배포하고, 각 도시의 꽃이 얼마나 아름답게 피는지 꽃 1~3개로 등급을 매겨 해당 도시 입구 눈에 띄는 곳에 표시한다. 그리고 도시 미관을 해친다는 이유로 에어컨 실외기 설치를 금지함으로써 매해 여름이 되면 더위에 약한 어르신들이 열병으로 숨졌다는 뉴스가 자주 나온다.

내가 가장 좋아하는 그림 중에 프랑스의 화가 자크 루이 다비드

Jacques Louis David의 '비너스와 미의 세 여신에 의해 무장이 해제되는 마르스'라는 작품이 있다. 이 그림은 전쟁의 신 마르스가 유부녀 애인인 비너스를 만나서 급히 갑옷을 벗고 그녀에게 다가가려고 할 때 비너스의 아들인 큐피드가 슬그머니 나타나 마르스의 갑옷을 들고 사라지는 장면을 그렸다. 프랑스인의 세계관을 상당히 정확하게 묘사한 그림이라고 생각한다. 아무리 훌륭한 전사라도 아름다움의 힘 앞에서는 갑옷을 벗는다.

프랑스인은 세계에서 가장 부유한 사람들은 아니지만, 시간당 수입으로 보면 세계에서 가장 생산적인 사람들이라고 한다. 프랑스의 기업은 더 많은 기능과 더 뛰어난 성능의 제품으로 소비자에게 어필하는 것이 아니라 제품의 아름다움으로 소비자를 유혹하기 때문일 것이다. 수많은 기술자들이 매년 머리를 맞대고 각종 최첨단 기술을 집약시켜 새로운 모델을 내놓는 아이폰 한 대의 가격이 수백 년 전 기술로 만든 프랑스제 가죽 가방보다 싼 것을 보면서 나는 실소를 금치 못하곤 한다. 세뒤송의 힘을 이해한 것은 프랑스인이 가진 최고의 지혜가 아닌가 생각한다.

'남자는
그 러브스토리의 합'

_____ 로렐린의 아들 바티스트는 총명하고 잘생긴 고등학교 1학년으로, 카리스마와 리더십 넘치는 청소년으로 자랐다. 프랑스 최고 명문고인 앙리4세고등학교에 입학해, 교사인 엄마의 어깨에 여간 힘이 들어간 게 아니다. 내가 로렐린 집에 놀러 가자, 바티스트는 어릴 때 본 나를 기억한다며 포옹하고는 데이트가 있다면서 뛰어나갔다. 로렐린은 가볍게 웃으면서 이렇게 말했다.

"여자친구가 너무 많아서 누가 누군지도 모르겠어. 그러다가 자기보다 더 심한 여자애를 만나서 한번 데일 거야. 난 그때만 기다리고 있어."

자기 아들이 상처 입을 때를 기다린다고 하는 것이 의아해서 무슨 뜻이냐고 다시 물어보았다.

"인기 있는 것도 누려봐야지. 그것도 인생 공부니까. 그런데 그 공부는 혼자 해도 돼. 근데 마음이 갈기갈기 찢어졌을 때, 그때 해야 하는 인생 공부는 엄마가 시켜줄 수 있는 공부거든. 그때 나는 진정으로 사춘기 아들의 엄마가 되는 거지."

그러면서 로렐린은 무슨 좋은 곳에 여행 가는 이야기라도 하는 듯 깔깔 웃었다.

나도 실연을 당하고 마음이 갈기갈기 찢어진 상태에서 로렐린을 찾아간 적이 있다. 그때 그녀가 한 말이 기억난다.

"남자는 그 남자의 러브스토리의 합이지."

다시 말해 남자란 사랑의 기승전결을 여러 번 겪어보면서 차차 자신이 누구인지를 발견하게 된다는 말이었다. 실연이란 하나의 러브스토리가 끝나고 다음 스토리가 시작하는 순간일 뿐이며, 자기에 대해서 가장 많은 것을 배우고 성찰할 수 있는 시간이다. 사랑이라는 것이 어차피 영원히 갈 수 없다면, 그리고 어차피 연애란 엔딩이 있는 소설 같음을 알고 시작했다면, 그 이야기가 얼마나 흥미롭고 멋진 이야기였는지가 중요하지, 새드 엔딩이 있다고 해서 나쁜 소설은 아니다.

"해피엔딩도 해보고, 새드 엔딩도 해보면서 사람이 되는 것이지."

"이런 생각은 어떻게 하게 된 거야?"

내가 묻자 로렐린이 대답했다.

"우리 할머니."

프랑스에는 연애 철학을 할머니에게서 배운 여성이 아주 많다. 우리나라에서는 내가 어릴 때만 해도 학생이 연애를 하면 매우 안 좋게 보았다. 내가 다니던 한국의 중학교 학생수첩에는 정학 사유로 '남녀 간에 문란한 교제로 물의를 빚은 자'가 있었고, 퇴학 사유로는 '남녀 간에 파렴치한 행위를 한 자'가 있었다. 생물학적으로 성숙한 남녀가 사랑을 나누는 것을 '파렴치하다'라고 표현했다. 그래서인지 연애를 하는 아이들은 그 사실을 부모님에게 숨길 수밖에 없다. 심지어 대학생인 자녀에게도 '통금' 시간을 정해놓고 남녀 간에 늦은 밤에 같이 있는 것을 금지하는 가정도 많다.

하지만 프랑스는 반대다. 미국 우버Uber 사의 CEO인 트래비스 칼라닉Travis Kalanick이 성추행 혐의로 사장직에서 물러나게 되었을 때 많은 프랑스 친구들은 이렇게 말했다.

"미국 공대 출신들이 대학에 다닐 때 연애를 제대로 안 해봐서 그래."

고등학교 때 연애를 하지 않으면 어른이 되어서도 인성에 문제가 있다고 생각하는 모양이었다. 심지어는 프랑스 역사가가 히틀러 같은 악당에 대한 이야기를 할 때도 히틀러가 1차 세계대전 때 허벅지 안쪽에 총을 맞았고, 그 이후 정상적인 성관계가 불가능했다는 이야기가 따라 디녔다. 사랑을 알지 못하는 사람이 포악한 악당이 된 것은 어찌 보면 당연하다는 식이다.

프랑스인은 신사도가 있고 예의 바른 사람을 흔히 '갈랑galant'하다고 말한다. 그런데 이 갈랑이라는 단어는 여성들과 감미로운 대화를 나눌 줄 아는 능력이 포함되어 있고 때에 따라서는 '야하다', '바람둥이다'로 해석될 수 있는 단어다. 연애 감정이 충만한 사람은 신사도와 예의도 있고, 연애 감정이 없는 사람은 신사가 아니라는 프랑스인의 정서를 반영한 단어다.

연애는 프랑스인에게 인생을 배우는 학교다. 구스타브 플로베르 Gustav Flaubert는 젊은 사람이 수많은 사랑과 좌절을 겪어가며 인생을 알게 되는 과정을《감정 교육Education Sentimentale》이라는 소설 제목으로 표현했다. 사실 시골 청년이 세련된 파리 여성과 교제하며 점점 '갈랑한' 사람으로 변해가는 내용은 프랑스 소설에서 흔히 다루는 내용이다. 심지어는 식민지 시대 프랑스가 베트남을 정복한 것을 정당화시키는 흑백 다큐멘터리에서 '베트남 청년들은 프랑스에 유학을 와서 프랑스 여학생과 사귀며 '감정 교육'을 받았다'라는 내용을 제국주의 프로파간다 비디오에 넣었을 정도다.

앵글로색슨 vs
프랑스

───── 프랑스인이 많이 쓰는 표현 중에는 '앵글로색슨 마인드 Mentalite anglo-saxonne'라는 단어가 있다. 이 단어가 무슨 뜻이냐고 물어보자, 프랑스인은 미국에서 유행한 한 광고 문구를 인용했다.

"프랑스인은 1년에 200시간을 섹스로 보낸다고 한다. 미국인은 비슷한 시간을 주차 공간을 찾으면서 보낸다. 무엇이 문제일까?"

즉 사랑을 제일 우선순위에 놓는 것은 '프랑스식 마인드'이고 현대 사회의 굴레인 주차 같은 것에 얽매여 인생을 허비하는 것을 영미 국가 주류 민족의 이름을 따서 '앵글로색슨' 마인드라고 부른다.

영미권과 프랑스의 대표적인 차이는 터부시하는 대화 주제다. 미국에서는 가족이나 친지들이 만나서 이야기할 때, 서로의 연봉이나 매출을 물어보는 것은 매우 자유롭게 할 수 있지만, '아내와의 잠자리'에 관한 이야기를 하면 찬물을 뿌린 듯 주위가 조용해진다. 프랑스에서는 반대로 점잖은 자리에서도 아내와 새로운 체위를 시도했다는 이야기는 거침없이 하지만 누군가가 연봉 이야기를 꺼내면 갑자기 사람들이 불편해하고 대화가 끊긴다. 이것은 미국에서 살다가 프랑스로 간 내가 직접 경험한 것이다. 이렇게 미국인은 성 앞에서 어색해하고, 프랑스인은 돈 앞에서 어색해한다.

사실 나도 프랑스에 가서 몇 번 문화적인 충격을 받은 적이 있다. 여러 명의 동창생과 어울려 함께 놀러갔을 때의 일이다. 함께 동행한 여학생들이 속옷만 입은 채 발코니에서 노는 모습을 보고 나는 깜짝 놀랐다. 우리가 묵은 펜션은 1층이라서 밖에서도 다 보일 뿐 아니라, 옆 동 발코니와 연결까지 되어 있었다. 마침 옆 동의 또래 남자 아이들이 나왔는데, 여자들은 전혀 당황한 기색도 없이 헤어드라이어를 빌려 달라고 했다. 그러고는 속옷 차림으로 그 집에 들어가서 머리를 말리고 나왔다. 나와 미국에서 온 내 친구만 어안이 벙벙해서 무슨 상황인지 이해하지 못하고 있었다.

내가 군대에서 통역병으로 복무 중일 때 스페인에서 온 한 장교를 만난 적이 있다. 그분은 미국 해군 장교와 이야기를 하고 있었는데, 그때 우리나라는 잠수함에서 여성과 남성의 샤워시설과 탈의실을 분리할 공간이 없어 여군이 잠수함에서 복무할 수 없다는 이야기가 한창 성차별 논란으로 떠오르던 때다. 스페인 장교는 이해할 수 없다고

212 _

말했다. 스페인 잠수함에서는 여군이 같이 복무하고, 샤워를 하고 수건만 걸치고 복도에서 돌아다녀도 쳐다보는 사람이 없다고 했다. 이렇게 유럽 대륙 국가들의 기준으로 볼 때 영국과, 그 문화를 물려받은 미국이 유별나게 성에 대해 강박을 보이는 것은 사실이다.

프랑스인은 미국인이 '사람들에게 연애를 자유롭게 못 하게 해서 물질에 집착하고, 전 세계 사람들에게 사랑으로 해결해야 할 행복의 문제를 돈으로 해결하라고 한다'라며 투덜거린다. 그들은 미셸 푸코의 《성의 역사》를 자주 인용하며 영국과 미국인을 '빅토리아인'이라고 한다.

프랑스인에게 영국인이 왜 그렇게 연애를 터부시하게 되었는지 물으면 그들은 이렇게 설명한다. 원래 18세기까지만 해도 남자가 꽉 끼는 스타킹을 신고 자기의 각선미를 과시하고, 여자들은 가슴을 위로 돌출시키는 드레스를 입을 정도로 인간은 성에 대해 자유로웠다. 그러나 영국에서 산업혁명이 일어나면서부터 이런 자유가 사라지기 시작했다. 임금 노동자가 생기기 시작한 산업시대에 접어들자 임금을 받을 수 없는 어린아이를 누가 경제적으로 책임져야 하는지에 대한 고민이 생긴다. 남성은 혹독한 노동에 시달리게 되면서 자기가 먹여 살리는 아이가 자기 아이가 틀림없다는 확신이 필요해져 아내의 외도를 감시하기 시작했다. 또 남자가 외도해서 아이가 생기면 한 사람 봉급으로 두 집 살림을 해야 하므로 경제적인 어려움이 닥치기 때문에 아내도 남편의 외도에 예민해지게 되었다. 그로 인해 점차 남녀의 성적 욕망은 사회적인 제한을 받게 된다. 그런데 산업혁명이 고도화되고 임금 노동자가 기하급수적으로 늘어난 19세기 영국에서부터 여성의 몸을 목부터 발까지 뒤덮게 하고, 남자도 검은 양복 뒤에 육체를 감추고 성적 행위를 금기시하기 시작했다. 영국에서 시작한 이런 새로운 윤리관은 당시 영국 여왕의 이름을 따서 '빅토리아 윤리관'이라고 한다. 프랑스인에게 성을 억압하는 '빅토리아 윤리관'은 산업혁명 이후 신흥 계급의 콤플렉스와 공업시대의 경직성을 대표하는, 졸부 나라 영국과 미국의 윤리관이다. 대부분의 국민이 가톨릭 신도인 프랑스인의 머릿속에는 아직도 '영국·독일·미국＝개신교＝산업혁명＝부르주아 계급＝성적 억압'이라는 공식이 박혀 있다.

프랑스인에게 영국과 미국에서 시작된 황금만능주의는 성적 억압과 뗄 수 없는 관계다. 프랑스인은 모든 자유는 성적 자유에서 출발한다고 굳건히 믿는다. 이성을 사랑하는 부드러운 마음으로 내가 사는 마을을 사랑하고, 내가 자란 땅을 사랑하고, 그 땅에서 자란 음식을 사랑한다. 아름다운 예술 작품을 보는 마음으로 내 사랑하는 사람들이 살아가는 것을 보고, 내 아이가 커가는 것을 본다. 사랑하는 사람의 살결을 만질 때의 섬세함으로 마카롱을 조심스럽게 뜯어먹고, 사랑하는 사람의 냄새를 맡는 것처럼 와인의 풍미를 즐긴다. 프랑스인은 와인과 음식이 잘 어울릴 때 그것을 '결혼mariage'이라고 부른다.

연애에 목적이 없듯이, 인생은 즐거워서 사는 것이지 이유가 있어서 사는 것은 아니다. 연애가 어떻게 끝나건 사랑하는 사람과 아름다운 시간을 보내봤다는 것이 중요하듯이 인생도 살아봤다는 것이 중요하지 성공했는지 여부가 중요하지 않다. 그런 프랑스인은 더 큰 집, 더 많은 편의시설, 더 많은 돈과 소비로 행복을 사려는 영미인과 그들의 문화에 젖어 사는 사람들을 딱하게 생각한다.

만약에 사랑과 그것을 일깨우는 '아름다움'을 내 인생의 나침반으로 살아왔다면, 프랑스가 가장 사랑하는 시인 보들레르가 〈여행〉이라는 시의 마지막 부분에서 말했듯이 우리는 이런 마음으로 인생의 끝을 맞을 수 있다는 것이다.

하늘과 바다가 먹물처럼 검더라도, 우리의 가슴만큼은 광명으로 가득 차 있다….
천국이건 지옥이건 무슨 상관인가? 만약 미지의 끝에서 새로운 것만 발견할 수 있다면.

시크:하다

초판 1쇄 발행 2018년 8월 20일 | 초판 5쇄 발행 2019년 3월 4일

지은이 조승연
펴낸이 김영진

사업총괄 나경수 | 본부장 박현미 | 사업실장 백주현
개발팀장 차재호
디자인팀장 박남희 | 디자인 당승근
마케팅팀장 이용복 | 마케팅 우광일, 김선영, 정유, 박세화
해외콘텐츠전략팀장 김무현 해외콘텐츠전략 강선아, 이아람
출판지원팀장 이주연 | 출판지원 이형배, 양동욱, 강보라, 손성아, 전효정, 이우성

펴낸곳 (주)미래엔 | 등록 1950년 11월 1일(제16-67호)
주소 06532 서울시 서초구 신반포로 321
미래엔 고객센터 1800-8890
팩스 (02)541-8249 | 이메일 bookfolio@mirae-n.com
홈페이지 www.mirae-n.com

ISBN 979-11-6233-748-6 03300

* 와이즈베리는 ㈜미래엔의 성인단행본 브랜드입니다.
* 책값은 뒤표지에 있습니다.
* 파본은 구입처에서 교환해 드리며, 관련 법령에 따라 환불해 드립니다.
  다만, 제품 훼손 시 환불이 불가능합니다.

와이즈베리는 참신한 시각, 독창적인 아이디어를 환영합니다.
기획 취지와 개요, 연락처를 bookfolio@mirae-n.com으로 보내주십시오.
와이즈베리와 함께 새로운 문화를 창조할 여러분의 많은 투고를 기다립니다.

「이 도서의 국립중앙도서관 출판시도서목록(CIP)은 서지정보유통지원시스템 홈페이지(http://seoji.nl.go.kr)와
국가자료공동목록시스템(http://www.nl.go.kr/kolisnet)에서 이용하실 수 있습니다.
(CIP제어번호: CIP2018023559)」